강제 구독의 시대

홈페이지 | www.vegabooks.co.kr   **이메일** | info@vegabooks.co.kr
블로그 | http://blog.naver.com/vegabooks
인스타그램 | @vegabooks   **페이스북** | @VegaBooksCo

강제 구독의 시대

GAIN
EDGE

전호겸 지음

베가북스
VegaBooks

추천사

"변화를 두려워하지 마세요. 이 책은 미래를 살아갈 당신을 위한 지도입니다."

우리는 지금, '소유의 시대'를 지나 '관계의 시대'로, '판매의 경제'를 지나 '구독의 생태계'로 넘어가고 있습니다. 그 전환의 물결 한가운데에 AI와 구독경제가 있습니다.

이 책은 단순한 기술 설명서가 아닙니다. 불확실한 시대에 무엇을 해야 할지 몰라 막막한 사람들, 새로운 일을 시작하고 싶은데 어디서부터 시작해야 할지 모르는 이들, 그리고 꿈을 꾸고는 있지만 아직 자신이 없는 모든 이들에게, 이 책은 하나의 '방향'과 '용기'를 건넵니다.

구독경제는 단지 경제 모델이 아니라, 지속적인 관계 맺기와 예측 가능한 미래를 설계하는 방식입니다. AI는 단지 기계가 아니라, 당신의 새로운 동반자이자 코치입니다.

이 책을 읽고 나면 깨닫게 될 것입니다. "나는 이 거대한 흐름 속에서도 길을 잃지 않을 수 있겠구나." "나도, 시작할 수 있겠구나."

미래는 준비된 사람의 것이 아닙니다. 준비하려는 사람의 것입니다. 그리고 이 책은, 바로 그 준비를 함께해줄 '지도'가 되어줄 것입니다.

김미경 (김미경TV 대표)

좋아하기에, 편리하기에, 필요하기에 돈을 지불한다. 그러나 고마움은 잠시, 수많은 구독 서비스 청구서가 날아온다. 저항감을 가질 틈도 없이 월간 결제 기간이 다가온다. 지금 이 순간에도 기업들은 소비자의 지갑을 여는 방법을 연구하고 있다. 거기에 AI까지 더해졌다. 과연 당신은 어떻게 행동할 것인가? 당장 이 책을 펼쳐보자.

이대호(와이스트릿 대표, KBS1라디오 「성공예감 이대호입니다」 MC)

목차

1장   AI 혁명, 구독 취소 한 번이면 끝이다

2장   황야의 무법자(M7)는 구독 마니아?

9장 구독플레이션의 시대

10장 구독 전쟁 2025: 구독 멤버십을 가진 회사만 살아남는다

프롤로그

유일한 대안:
AI 구독경제가 온다

소유에서 경험으로 우리의 소비 방식이 근본적으로 변화하고 있다. 한때 신문과 우유 배달 정도에서 머물던 구독 서비스는 이제 거의 모든 산업으로 확장되었다. 넷플릭스, 티빙, 유튜브 같은 미디어 서비스뿐만 아니라, 자동차, 가전, 식품, 패션, 건강관리, 반려동물, IT 서비스까지 월 정액으로 서비스를 받을 수 있는 시대가 되었다. 이제 구독경제는 단순한 정기 결제를 넘어 AI가 결합되어 소비자의 행동을 예측하고, 취향을 반영하며, 때로는 나보다 나를 더 잘 이해해 먼저 필요한 것을 제안하는 맞춤형 서비스로 진화하고 있다.

AI는 소비자의 행동을 면밀히 분석하고 학습해, 개인 맞춤형 서비스를 자동으로 제안하며 최적의 소비 경험을 제공하는 데 집중하고 있다. 단순한 구독을 넘어, AI는 이제 고객이 원하는 것을 '미리 예측'하고 제공하는 단계로 나아가고 있다. 예를 들어 가전회사들은 AI 기반의 맞춤형 가전 구독 서비스를 제공한다. 이커머스 플랫폼과 온라인 쇼핑몰들은 AI를 활용해 검색 최적화, 맞춤형 추천, 자동화된 결제 및 배송 시스템을 강화하며, 소비자의 쇼핑 경험을 극대화하는 구독 멤버십 프로그램을 운영하고 있다. 또한, 금융권에서도 AI 기반의 구독형 투자 상품과 맞춤형 보험 서비스가 빠르게 확산되고 있다. AI는 개인의 소비 패턴과 금융 데이터를 분석해 최적화된 투자 전략을 추천하며, 사용자의 라이프 스타일에 맞춘 보험 상품을 설계해준다.

한때 기업들은 제품을 '판매'하는 것이 목표였지만, 이제는 '구독'을 통해 고객과 지속적인 관계를 구축하고 장기적인 가치를 창출하는 것이 핵심 전략이 되었다. 구독경제는 기업에 안정적인 매출을 보장하고, 소비자에게는 경제성, 편리함, 맞춤형 혜택을 제공한다. 여기에 AI 기술이 접목되면서 구독경제는 더욱 진화하고 있다. 기업들은 AI를 활용해 소비자 맞춤형 서비스를 더 정교하게 만들고 새로운 가치를 창출하여 시장 경쟁력을 확보하고 있다. 이제 우리는 단순한 소비 패턴이 아니라, AI 기반의 개인화된 구독 시대에 살고 있다. 한마디로 AI 시대의 구독경제는 기업의 생존 및 지속 성장 전략이자, 소비자에게 보다 합리적이고 지속적인 혜택과 편리함을 제공하는 새로운 소비 기준인 것이다.

📁 구독경제란 무엇인가?

구독경제(Subscription Economy)란 일정한 금액을 지불하고 정기적으로 제품이나 서비스를 제공받는 거래 유형을 일컫는 경제용어다. 과거에는 우유, 신문, 잡지의 구독이 일반적이었지만, 오늘날에는 온라인 동영상 서비스(OTT, Over-The-Top), 식품, 의류, 면도기, 생성형 AI, 가전제품, 심지어 비행기 및 인공위성(Azure Orbital)까지도 구독 서비스의 형태로 제공되고 있다. 이제는 우리가 평상시에 마시는 산소까지도 구독 서비스로 제공하는 중이다. 사실상 일회성 제품과 서비스가 아니라면 거의 모든 것이 구독화되고 있는 것이다.

앞서 말했듯 구독경제의 핵심은 단순한 판매가 아니라, 지속적으로 가치를 제공하고 고객과의 관계를 강화하는 데 있다. 넷플릭스, 티빙 같은 OTT뿐만 아니라, 자동차(페라리, 현대차, 기아차, 벤츠, BMW 등), 스마트폰 및 PC, 태블릿(삼성전자 등), 대형TV와 냉장고 같은 가전제품(LG전자 등) 등 다양한 산업에 구독경제가 적용되고 있다. 특히 AI 기술이 접목되면서 구독 서비스의 개인화가 더욱 정교해지는 중이다.

예를 들어, 국내 가전 업체들은 AI 기반 맞춤형 가전 구독 서비스와 스마트홈 솔루션을 제공하고 있다. 또한, 네이버는 AI 기반 검색 및 쇼핑 혜택을 강화하며 타사와의 차별화를 시도하고 있다. 구독경제는 이제 단순한 정기 결제 형태를 넘어 AI와 결합한 초개인화 소비 모델로 진화하고 있는 것이다. AI는 사용자의 취향을 분석하고, 선호도를 학습하며, 필요한 순간에 최적의 서비스를 제공하는 방향으로 발전하고 있다. 지금도 AI는 소비자 데이터 분석을 통해 맞춤형 추천을 제공하고, 자동화된 관리 시스템을 도입해 소비자의 편의성을 극대화하는 중이다.

📁 구독경제 시장: 생성형 AI 시장의 40배 이상

AI 기반 서비스의 구독경제는 단순한 트렌드를 넘어 기업의 핵심 수익 모델로 자리 잡고 있다. 챗GPT를 개발한 오픈AI의 사례만 보더라도, 2024년 10월 기준 전체 매출의 75%가 소비자 구독에서 발생하고 있다. 이는 AI 기반 서비스에서 구독 모델이 얼마나 중요한 수익 구조인지 보여준다.

뿐만 아니라, 구독경제 시장의 규모는 그 어느 때보다 빠르게 성장하고 있다. 글로벌 투자은행 UBS는 구독경제 시장이 연평균 18% 성장하며 2025년에는 1조5,000억 달러까지 커질 것으로 내다봤다. 이는 S&P가 전망한 2028년 생성형 AI 시장 규모 363억5,810만 달러의 40배가 넘는 규모다. 심지어 구독경제 시장은 구글, 메타 등 글로벌 플랫폼 기업들의 주요 수익원인 디지털 광고 시장의 2배에 달한다. 인사이더 인텔리전스(Insider Intelligence)는 2025년 디지털 광고 시장이 7,851억 달러에 이를 것으로 전망했다. 물론 단순 비교는 어렵지만, 이 수치는 AI와 구독경제가 결합된 시장의 규모가 얼마나 압도적인지 알 수 있는 사례다.

하지만 이러한 거대한 시장에도 불구하고, 여전히 많은 기업과 소비자들이 AI 기반 구독경제의 진정한 가치를 제대로 인식하지 못하고 있다. 향후 AI와 구독경제의 결합은 더욱 가속화될 것이며, 기업이 이를 적극적으로 활용하는 것이 생존과 성장의 핵심 전략이 될 것이다.

📁 S&P 500 기업보다 3.4배 빠르게 성장하는 구독경제 기업

2024년 4월 공개된 주오라(Zuora)의 SEI(Subscription Economy Index) 보고서에 따르면, 구독 기반 서비스를 운영하는 기업들은 비구독 기반 기업들보다 더욱 높은 매출을 기록했다. 지난 12년간 데이터를 분석한 결과, 구독 모델을 채택한 기업들은 S&P 500 기업들보다 3.4배 빠르게 성장했다.

2023년 기준 SEI 지수에 속한 기업들의 평균 매출 성장률은 10.4%를 기록한 반면, S&P 500 기업들은 6% 성장에 그쳤다. 또한, 구독 모델을 운영하는 기업들은 고객 이탈률 측면에서도 경쟁 우위를 보였다. 지난 3년간 낮은 이탈률을 유지했으며, 특히 SaaS(서비스형 소프트웨어) 부문에서는 소비 기반 모델을 도입한 기업들이 높은 매출 성장세를 보였다. 소비 기반 모델을 운영하는 SEI SaaS 기업들의 6년 연평균 성장률(CAGR)은 2023년 기준 20.1%였으며, 소비 기반 모델을 채택하지 않은 기업들의 성장률(16.3%)을 크게 상회했다.

📁 위기가 일상인 시대의 유일한 성장 전략 구독경제

트럼프 시대의 개막과 함께 세계 경제는 극심한 불확실성 속으로 빠져들었다. 국지적 전쟁과 글로벌 분열이 이어지는 가운데, 기업들은 생존을 위한 새로운 전략을 찾아야 했다. 이러한 위기의 시대에 구독경제는 예측 가능한 수익 모델을 제공하며, 불확실성을 헤쳐 나가는 핵심 성장 전략으로 떠오르고 있다.

2019년 말 코로나19가 처음 나타난 이후, 2020년 1월 미국과 한국에서 첫 확진자가 보고되면서 세계 경제는 순식간에 패닉 상태에 빠졌다. 1분기 동안 기업들은 시장 붕괴를 우려하며 긴축 경영에 돌입했고, 2분기에는 글로벌 공황 가능성까지 대두되었다. 소비 심리가 급격히 위축되고, 많은 산업이 직격탄을 맞았지만, 이러한 혼란 속에서도 구독경제 기업들은 오히려 성장을 기록했다.

코로나19 팬데믹은 구독경제의 확산에 더욱 가속도를 붙였다. 경제적 충격에도 불구하고 구독 모델을 운영하는 기업들은 강한 회복력을 보였다. 2020년 1분기 구독경제 기업들의 매출 증가율은 11%였고, 2분기에는 12%로 상승했다. 반면, 같은 기간 S&P 500 기업들의 매출 증가율은 각각 -2%와 -10%를 기록하며 하락세를 보였다. 또한, 2020년 3월 구독 서비스 회사들의 한 달 가입자 취득률을 이전 12개월과 비교한 결과,

10개 기업 중 8개~9개 기업이 가입자 기반을 유지하거나 성장하는 성과를 보였다.

📁 위기의 시대를 이겨내는 구독경제 세 가지 핵심 요인

구독경제는 위기의 시대에도 흔들리지 않는다. 오히려 불확실성이 커질수록 더욱 강한 면모를 보이며, 지속적인 성장을 이어간다. 그 이유는 크게 세 가지로 정리할 수 있다.

고객들의 락인(Lock-in) 효과가 있다

경제 위기가 닥치면 소비자들은 불필요한 지출을 줄이지만, 구독 서비스는 생활에 깊숙이 자리 잡고 있어 쉽게 해지되지 않는다. 외식이나 사치품 소비는 줄이더라도, 자동차, 냉장고, TV, OTT, 음악 스트리밍 같은 구독형 서비스는 유지되는 경향이 강하다.

특히 최근의 위기는 코로나19처럼 갑자기 나타나기도 하며, 예상보다 빠르게 사라지거나 우리가 금방 익숙해지는 경우도 많다. 이러한 특성 때문에 소비자들은 구독 서비스를 쉽게 해지하지 않는다. 이는 구독경제가 불확실성이 일상이 된 시대에서도 지속적인 매출을 유지할 수 있는 강력한 이유 중 하나다.

목돈이 필요하지 않다

저성장과 고물가 시대를 살아가는 소비자들에게는 한 번에 큰돈이 들어가는 소비보다, 월 단위로 나뉘어 부담이 적은 소비 방식이 유리하다. 경제적 여유가 있는 개인이나 기업조차도 위기의 시대에는 지출을 신중하게 결정한다.

예를 들어, 자동차, 노트북, 스마트폰, 냉장고, TV 같은 고가의 제품을 구매하는 것은 부담스럽지만, 구독을 이용하면 적은 금액으로 동일한 제품을 사용할 수 있다. 특히 경기 침체 속에서는 큰 비용을 들여 구매하는 것보다, 필요한 만큼 사용료를 내며 이용하는 방식이 더욱 매력적이다. 이는 소비자뿐만 아니라 기업에도 해당된다.

기업들은 한 번에 많은 비용을 들여 설비, 소프트웨어 등을 구매하는 방식이 아니라, 필요한 만큼 사용료를 내는 구독 모델을 통해 초기 투자 부담을 줄일 수 있다. 이처럼 구독경제는 개인과 기업 모두의 부담을 줄이며, 효율적인 소비와 경영을 가능하게 한다.

기업의 사업 예측 가능성이 높아진다

기업의 가장 큰 위기는 불확실성이다. 위기의 본질은 예측할 수 없다는 점이며, 만약 예측이 가능해지면 더 이상 위기가 아니다. 구독 모델을 운영하는 기업은 소비자가 해지하지 않는 한 지속적인 매출 흐름을 확보할 수 있다. 즉 고객이 유지되는 한, 기업은 위기 속에서도 안정적인 수익을 창출할 수 있으며, 이에 맞는 경영 전략을 구사할 수 있다.

기업은 구독 모델로 지속적인 고객 기반을 확보하여 기업의 매출을 예측 가능하게 만들 수 있다. 또한 고객의 자료는 소비 패턴을 분석할 수 있는 강력한 도구이기도 하다. 이를 통해 기업은 경기 침체 시기에도 예측 가능한 수익 구조를 유지하고, 불황형 상품을 개발하여 오히려 성장하는 기회를 만들 수도 있다.

📁 구독: 위기와 불황을 기회로 만드는 비즈니스 모델

넷플릭스의 사례를 보자. 빠르게 성장하던 넷플릭스도 코로나19 엔데믹(Endemic, 일상적 유행)과 경제 불황으로 인해 구독 가입자 증가세가 둔화되었다. 그러나 넷플릭스는 위기를 기회로 전환하며 광고형 구독을 도입했다.

2024년 4분기 기준, 넷플릭스의 광고형 요금제 가입자는 분기별로 30%씩 증가했고, 신규 가입자의 55%가 광고형 요금제를 선택했다. 넷플릭스 공동 CEO 그레고리 피터스는 "2024년 광고 매출이 2023년의 두 배였으며, 2025년에도 두 배 성장이 기대된다"고 밝혔다.

이 사례는 구독 모델이 불황 속에서도 변화에 유연하게 대응할 수 있으며, 경제 위기 속에서도 지속적으로 성장할 수 있는 강력한 비즈니스 모델이라는 것을 보여준다.

이처럼 구독경제는 단순한 결제 방식이 아니라, 위기의 시대에도 지속 가능성을 보장하는 강력한 비즈니스 모델이다. 불확실성이 커질수록 구독 모델을 도입하는 기업들은 더욱 강한 경쟁력을 갖게 될 것이며, 소비자들에게도 경제적 부담을 최소화하면서도 지속적인 혜택을 제공하는 최적의 선택지가 될 것이다.

📁 AI가 촉발한 강제 구독과 구독 인플레이션의 시대

이제 '구독'은 선택이 아니라 강제가 되고 있다. 유튜브는 2023년 12월, 국내 프리미엄 요금을 10,450원에서 14,900원으로 42.6% 인상했다. 소비자는 유튜브 외에 대체할 만한 서비스를 찾기 어렵기 때문에 구독료가 인상되어도 떠날 수 없는 구조다. 쿠팡 또한 2024년 8월, 와우 멤버십 요금을 4,990원에서 7,890원으로 58.12% 인상했다.

유튜브 프리미엄의 한국 구독료 인상률은 영국의 5배, 미국의 2.5배에 달하며, 코스트코 한국 연회비 인상률은 미국 대비 약 2배 수준이다. AI 개발 경쟁과 빅테크 기업들의 시장 지배력이 결합되면서, 구독 인플레이션이 가정경제를 위협하고 있다.

2022년 7월, BMW는 차량에 기본 탑재된 열선 시트조차 월 24,000원을 내야 사용할 수 있도록 구독제 도입을 발표하였다가 소비자들의 반발에 취소한 적이 있다. 이는 하드웨어 판매에서 소프트웨어 구독 모델로 전환하는 자동차 산업의 변화를 알리는 신호탄이었다. 포드는 2021년, 할부금을 연체한 고객의 차량을 원격으로 제어하는 특허를 출원했다. 처음에는 라디오와 내비게이션을 차단하고, 이후 도어를 잠가 운전을 막으며, 연체가 지속되면 차량이 스스로 포드 매장이나 폐차장으로 이동할 수도 있다. 자동차조차도 이제 '소유'가 아닌 '구독'의 대상이 되는 시대에 우리는 살고 있다.

📁 AI 탑재, 원치 않는 기능까지 구독해야 한다

마이크로소프트는 2025년 1월, M365에 생성형 AI 기능 '코파일럿(Copilot)'을 강제 포함시키며 월 구독료를 3달러 인상했다. 한국에서는 개인용 기준으로 월 8,900원에서 12,500원으로 구독료가 40% 이상 올랐다. 소비자는 원치 않는 AI 기능까지 함께 구독해야 하며, 기업들은 AI 연구 개발비를 소비자 부담으로 전가하고 있다.

심지어 우리나라의 경우 생성형 AI 서비스의 구독은 1년 사이 이용 건수가 약 3배(299%) 증가하며 폭발적인 성장세를 기록했다. 구독경제는 '저렴한 비용으로 다양한 서비스를 이용하는 합리적인 소비'인 반면에 소비자가 방심하게 되면 가정경제를 위협하는 요소가 될 수도 있다.

📁 위기의 시대, AI 구독경제가 답이다

우리에게 더 이상의 선택은 없다. 구독경제는 이제 기업의 생존과 성장을 동시에 보장하는 필수 전략이 되었다. 또 소비자에게는 합리적이고 지속 가능한 소비 방식으로 자리 잡은 동시에 강제 구독과 구독플레이션(구독 + 인플레이션)의 위험 역시 도사리고 있다. 단순히 월정액을 지불하는 개념을 넘어, AI와 결합된 구독경제는 소비자의 행동을 예측하고, 맞춤형 서비스를 제공하며, 산업의 패러다임을 근본적으로 바꾸고 있다. 이제 기업들은 위기를 단순히 견디는 것이 아니라, 구독경제를 통해 새로운 기회를 창출하며 불확실성을 극복해나가야 한다.

기존의 산업이 변화하고, AI 기술이 결합되면서 구독경제의 확장 속도는 더욱 빨라지고 있다. 과거와는 다른 방식으로 제품과 서비스를 제공하는 기업들이 등장하고 있으며, 이들은 위기를 기회로 삼아 지속적인 성장을 이어가고 있다.

- 왜 구독경제는 위기 속에서도 더 성장하는가?
- 어떤 산업들이 AI 구독경제로 변화하고 있으며, 우리 기업과 정부는 무엇을 준비해야 하는가?
- 구독경제의 미래가 소비자의 편리함이 아닌 '구독 피로'로 흐르고 있다면, 소비자는 어떻게 대비해야 하는가?

다가오는 변화 속에서 방향을 잃지 않으려면, 구독경제의 본질을 이해해야 한다.

"미래를 준비하지 않는다면,
미래는 그저 앞으로 지나가버릴 과거일 뿐이다.
위기의 시대, 유일한 대안은 구독경제다."

. . .

SUBSCRIPTION ECONOMY

1장

AI 혁명,

구독 취소 한 번이면 끝이다

챗GPT 수익의
75%는 구독

챗GPT 개발사 오픈AI는 전체 매출의 상당 부분이 챗GPT 소비자 유료 구독에서 발생한다고 2024년 10월 밝혔다. 오픈AI 최고재무책임자(CFO) 사라 프라이어는 블룸버그TV와의 인터뷰에서 "오픈AI 비즈니스의 약 75%가 소비자 구독에서 발생한다"고 말했다.

오픈AI는 2023년 16억 달러의 매출을 기록했으며, 2024년에는 이보다 두 배 이상 늘어난 37억 달러(5조1,171억 원)의 매출을 기대하고 있다. 이 중 약 28억 달러(3조8,724억 원)가 챗GPT 소비자 구독에서 나올 것으로 예상된다.

현재 오픈AI의 챗GPT 유료 요금제는 월 20달러부터 시작되며, 프라이어 CFO는 "챗GPT의 주간 활성 사용자가 2억5천만 명에 달하고, 무료 사용자 중 약 5%~6%가 유료 상품으로 전환하고 있다"고 밝혔다. 그는 또한 "소비자 유료 구독의 성장 속도에 놀라움을 금치 못하고 있다"고 덧붙였다.

기업용 구독도 주목받고 있다. 프라이어 CFO는 "기업 비즈니스는 아직 초기 단계지만, 이미 상당한 연간 매출을 올리고 있다"며 "그 분야의 잠재력에 큰 기대를 가지고 있다"고 말했다. 실제로 오픈AI는 2023년 9월, 챗GPT 기업용 버전 유료 사용자가 100만 명을 돌파했다고 발표했다. 여기에는 기업을 위한 챗GPT 팀 및 엔터프라이즈 서비스, 대학에서 사용하는 챗GPT 에듀 제품이 포함된다.

오픈AI의 매출 구조는 소비자 구독 모델의 성공을 기반으로 성장하고 있지만, 한편으로는 특정 시장 변화에 따른 리스크를 안고 있다. 이를 보완하기 위해 기업용 구독 및 새로운 수익원을 확대하는 것이 중요한 과제로 보인다. 특히 기업 고객은 장기적이고 안정적인 매출을 보장할 수 있어, 이 분야의 성장은 오픈AI의 지속 가능성을 한층 더 강화할 전망이다. 소비자 중심의 성공적인 기반 위에 다양한 비즈니스 모델을 추가하는 것이 오픈AI의 다음 도전 과제가 될 것이다.

구독경제 시장:

생성형 AI 시장의 40배, 디지털 광고 시장의 2배

2025년 2월, 대학생활 플랫폼 '에브리타임' 운영사 비누랩스가 대학생 1,000명을 대상으로 실시한 조사에 따르면, Z세대가 AI 서비스를 활용하는 주요 목적(복수 응답) 중 1위는 정보 검색(66.7%), 2위는 글쓰기·리포트 작성(59%)으로 나타났다. 이는 Z세대의 검색 트렌드가 '포털 → 유튜브 → 생성형 AI'로 이동하고 있다는 것을 보여준다.

많은 대학생이 일상 속에서 AI 서비스를 활용하고 있지만, 실제 유료 구독을 이용 중인 비율은 22.6%에 불과했다. 반면, 향후 유료 AI 서비스를 이용할 의향이 있느냐는 질문에는 52.4%가 '필요하다면 유료라도 쓰겠다'고 응답했다. 유료 전환 가능성이 높은 잠재 수요층이 이미 형성되고 있는 셈이다. 우리나라 상황만 봐도 AI 구독 시장의 성장은 충분히 예측 가능하지만, 아직까지는 구독료만으로 기업을 안정적으로 운영하긴 어렵다.

그렇다면 지금까지 구글이나 메타(페이스북) 같은 플랫폼 기업들의 가장 큰 수익원은 무엇이었을까? 바로 '디지털 광고'다. 우리나라 조사 결과에서도 알 수 있듯, Z세대는 AI를 '검색' 용도로 가장 많이 활용하고 있다. 이는 생성형 AI가 구글이나 네이버처럼 검색 기반 광고 수익 구조로 확장될 가능성을 시사한다.

실제로 인사이더 인텔리전스에 따르면, 2025년까지 전 세계 디지털 광고 시장 규모는 7,851억 달러(약 1,100조 원)에 달할 전망이다. 그렇다면 생성형 AI의 주요 수익원도 구글이나 메타처럼 '광고'가 될 수 있을까? 미래에는 가능하지만, 현재로서는 아니다. 이유는 다양하지만, 간단히 정리하면 다음과 같다.

📁 잘못된 정보 생성

AI는 때때로 사실과 다른 정보를 만들어내는 할루시네이션(hallucination: 환각, AI가 사실이 아닌 정보를 생성하는 현상) 문제를 일으킬 수 있다. 아마 생성형 AI를 써봤다면 분명 이런 경험이 있을 것이다. 바로 아무 상관 없는 내용을 너무 확신에 차서 답변하는 경우다. 예전보다는 많이 개선되었지만 아직도 나타나는 현상이다. 광고에서 중요한 것은 신뢰성과 정확성인데, 만약 AI가 광고로 잘못된 정보나 사실관계를 제공하면 소비자는 해당 브랜드나 제품에 대한 신뢰를 잃을 수밖에 없다. 때문에 지금 생성형 AI로 광고를 진행하는 것은 사실상 무리가 있다.

📁 타기팅 정확도 부족

생성형 AI는 데이터를 직접 수집하거나 분석하지 않기 때문에 타기팅이 정확하지 않을 수 있다. 앞에서 언급한 할루시네이션 문제의 연장선으로, 생성형 AI가 잘못된 정보를 바탕으로 부적절한 타깃을 선정할 수 있어, 광고 효과가 떨어질 수 있다.

📂 콘텐트와 광고의 구분 어려움

생성형 AI는 자연스럽고 그럴듯한 텍스트를 만들어내기 때문에 사용자가 일반적인 텍스트와 광고를 명확히 구분하기 어려울 수 있다. AI가 생성하는 콘텐트가 광고로만 변환되기 어렵고, 할루시네이션 문제로 인해 가짜 정보가 포함된 광고로 생성될 위험까지 있다. 따라서 생성형 AI를 지금 광고로 활용하는 것은 매우 복잡하고 리스크가 큰 문제다.

이런 문제들로 생성형 AI는 광고 수익 모델에 부적합하다. 하지만 기업이 수익을 극대화하려면 구독에만 의존하기가 어렵다. 궁극적으로 디지털 광고를 통한 수입도 있어야 할 것이다. 그 부분에 대해서 업계도 다각도로 고민하는 중이다.

S&P(Standard & Poor's)는 최근 주목받는 생성형 AI 시장 규모가 2028년 363억5,810만 달러(약 49조 원)에 달할 것이라고 전망했다. 글로벌 투자은행 UBS는 구독경제 시장이 연평균 18% 성장하며 2025년에는 1조5,000억 달러까지 커질 것으로 내다봤다. 2,000조 원이 훌쩍 넘는 수치다. 단순 비교는 어렵지만 생성형 AI 시장 규모의 40배 이상이다. 심지어 빅테크 기업의 가장 큰 수익원인 디지털 광고 시장(7,851억 달러)의 약 2배에 달한다. 구독경제 시장이 얼마나 크고 중요한지 알 수 있는 부분이다. 하지만 우리의 구독경제에 대한 관심은 아직도 저조하기만 하다.

생성형 AI 가장 큰 약점:
네트워크 효과가 없다

📁 **딥시크 돌풍, 엔비디아 시총 하루 만에 약 850조 원 증발**

2025년 1월 27일, 중국 스타트업 딥시크(Deepseek)의 돌풍으로 AI 칩 선두주자 엔비디아의 시가총액이 하루 만에 850조 원 가까이 증발했다. 미국 나스닥에서 엔비디아 주가는 16.97%(24.20달러) 급락한 118.42달러로 마감했다. 이는 2020년 3월 WHO의 코로나19 팬데믹 선언 이후 가장 큰 낙폭이다.

미국 시장분석 업체 컴퍼니스마켓캡에 따르면, 이날 뉴욕 증시 마감 기준 엔비디아의 시총은 2조9,000억 달러로 감소했다. 이는 전 거래일(24일) 대비 5,890억 달러(약 850조 원) 증발한 수치로, 이에 따라 애플과 마이크로소프트에 밀려 시총 3위로 내려갔다.

이번 폭락의 주요 원인은 딥시크 AI 모델의 높은 가성비다. 딥시크는 AI 모델 'V3' 개발에 80억 원만 투입했다. AI 개발에 수십조 원을 투자하는 빅테크 기업들과 비교해 극히 적은 비용이다. 이에 따라 AI 모델 개발에 필수라고 여겨졌던 엔비디아의 고성능 AI 칩의 수요가 감소할지도 모른다는 우려가 커졌다.

딥시크의 영향으로 뉴욕 증시도 타격을 입었다. 나스닥 지수는 3.07%(612.47포인트) 하락한 19,341.83, 필라델피아 반도체 지수는 9.15%(488.70포인트) 급락한 4853.24에 마감됐다.

📁 생성형 AI는 네트워크 효과가 없어서 언제든 구독 취소 가능

딥시크가 챗GPT-o1과 유사한 성능의 AI 모델을 극히 적은 비용으로 개발하면서 AI업계가 큰 충격을 받았다. 이처럼 생성형 AI 시장의 경쟁은 점점 치열해지고 있다. 글로벌 대기업들은 자체적으로 생성형 AI를 개발하고 상용화하고 있다. 그 이유는 생성형 AI에 아직 네트워크 효과가 없어 언제든지 구독을 취소할 수 있기 때문이다.

네트워크 효과란 플랫폼이 사용자를 확보할수록 가치를 키우고, 시간이 지날수록 더 많은 사용자를 끌어들이는 구조를 의미한다. 예를 들어 에어비앤비(Airbnb)는 숙박이 필요한 소비자와 빈방을 가진 호스트를 연결해주는 플랫폼이다. 에어비앤비를 이용하는 사람들이 많아질수록 더 다양한 숙소가 등록되고, 선택지가 늘어나며, 결국 새로운 사용자까지 자연스럽게 유입되는 선순환 구조가 만들어진다.

특히 카카오톡 같은 메신저는 사용자가 많을수록 친구들과의 소통을 위해 더 많은 사람이 이용하게 되고, 시간이 지나면서 새로운 경쟁자가 시장에 진입하기 어려워진다. 네트워크 효과가 강한 시장에서는 선발 주자가 시장을 독점하고, 후발 주자가 끼어들기 어려운 구조가 된다. 하지만 생성형 AI 비즈니스에는 이러한 네트워크 효과가 없다.

사용자가 특정 AI 모델을 사용한다고 해서, 그 모델을 계속 이용해야 하는 이유가 있는 것은 아니다. 소비자는 필요에 따라 오픈AI의 챗GPT를 사용하다가, 비용이나 성능을 고려해 구글의 제미나이(Gemini)나 메타의 라마(LLaMA) 모델로 쉽게 전환할 수 있다. 즉, 카카오톡이나 에어비앤비처럼 사용자가 많아질수록 플랫폼의 가치가 기하급수적으로 상승하는 구조가 아니다.

오히려 후발 주자가 선발 주자를 따라잡기 쉬운 구조다. 기존의 강력한 AI 모델을 활용해 후발 주자가 학습을 진행할 수 있기 때문이다. 순수하게 생성형 AI가 단독 창작한 결과물은 저작권 보호를 받지 않는다는 견해가 우세해 보인다. 물론 내가 학습시킨 내용이 사라지는 것은 단점이나, 더 저렴한 가격으로 더 좋은 성능을 사용할 수 있다면 구독 취소가 그리 어려워 보이지 않는다.

이러한 이유로 생성형 AI 시장은 '먼저 시작한 기업이 절대적으로 유리한 시장'이 아니다. 비록 네트워크 효과는 없지만, 규모의 경제는 AI 비즈니스에서 중요한 요소다.

AI 서비스를 운영하려면 대규모 서버가 필요하며, 규모가 커야 비용 절감이 가능하다. 예를 들어, 클라우드 시장에서 아마존(AWS), 구글(GCP), 마이크로소프트(Azure)가 시장을 지배하는 이유도 비슷하다. 데이터센터 구축과 운영 비용이 막대하기 때문에 규모가 큰 기업이 비용 경쟁력에서 우위를 점한다. 오픈AI 역시 마이크로소프트의 강력한 인프라를 등에 업고 시장을 확장하고 있다.

정리하자면 생성형 AI는 네트워크 효과가 없기 때문에 사용자는 특정 서비스에 묶일 필요가 없다. 즉, 카카오톡처럼 모두가 사용해야만 가치가 생기는 플랫폼이 아니라, 더 나은 성능과 가격을 제공하는 곳으로 언제든지 이동할 수 있는 구독 기반 시장이다. 이는 기업 입장에서 고객을 지속적으로 유지하기 어렵다는 뜻이며, 후발 주자라도 경쟁력을 갖추면 빠르게 시장을 뒤흔들 수 있다는 것을 의미한다. 결국 AI 비즈니스의 핵심은 누가 먼저 시작했느냐가 아니라, 누가 끊임없이 혁신하여 고객, 즉 구독자를 락인하느냐가 관건일 것이다.

AI 학습의 유일한 방법, 구독

기술이 발전함에 따라 AI 모델이 학습하는 데이터의 출처와 방식이 중요한 이슈로 떠오르고 있다. AI가 더 정교해지려면 방대한 양의 데이터가 필요하지만, 이제는 데이터를 무단으로 수집하여 학습하는 시대가 저물고 있다. 2025년 미국 법원의 판결은 AI 개발사들에게 새로운 현실을 직면하게 만들었다. AI 기업들이 데이터를 확보하는 방식에 근본적인 변화가 필요하며, 이는 곧 B2B 및 B2C 형태의 데이터 구독 모델로 전환될 것임을 시사한다.

📂 AI 학습, 더 이상 무료가 아니다

2025년 1월, 미국 델라웨어주 연방지방법원은 톰슨 로이터가 AI 법률 검색엔진 스타트업 로스 인텔리전스를 상대로 낸 저작권 침해 소송에서 원고 승소 판결을 내렸다. 로스 인텔리전스는 톰슨 로이터의 법률 데이터베이스 '웨스트로우(Westlaw)'에서 법률 판결문의 요약인 '헤드노트'를 무단으로 학습에 사용했다. 법원은 해당 데이터가 공정 이용(fair use)에 해당하지 않는다고 판결했다.

이 판결은 AI 기업이 학습 데이터를 얻기 위해 새로운 접근 방식을 취해야 한다는 것을 의미한다. AI가 학습할 수 있는 데이터는 무한하지 않으며, 저작권자의 동의 없이 사용되는 데이터는 법적 문제가 될 가능성이 크다. 특히 AI 기술이 발전하면서 기존 산업과의 경계가 모호해지는 가운데, 데이터 접근 방식은 데이터 제공자가 직접 AI 개발사와 협업하거나 데이터를 판매하는 형태로 변화할 수밖에 없다.

📁 AI 학습도 구독 모델로 간다

기존의 AI 학습 방식은 인터넷에 존재하는 다양한 데이터(웹사이트, 논문, 뉴스, 책 등)를 크롤링(crawling)하여 수집한 후, 해당 데이터에서 필요한 정보를 추출하여 학습하는 방식이었다. 하지만 저작권 보호가 강화되면서 AI 기업들은 데이터 접근권을 확보하기 위해 비용을 지불해야 하는 상황이 됐다. 결국 AI 기업들은 언론사, 논문 사이트, 학술지 등 다양한 콘텐트 제공자로부터 데이터를 '구독'하는 방식으로 데이터 접근 방식을 전환할 수밖에 없다.

이러한 변화는 AI 시장에 새로운 B2B 및 B2C 모델을 만들어낼 가능성이 크다. 예를 들어 언론사들은 AI 기업과의 계약을 통해 뉴스 데이터를 제공하는 유료 구독 모델을 도입할 수 있으며, 학술지 사이트들도 AI 학습용 데이터 라이선스를 판매할 수 있다.

이미 일부 기업들은 이러한 움직임을 보이고 있다. 뉴욕타임스(NYT)

는 AI 개발사 오픈AI를 상대로 저작권 침해 소송을 제기한 바 있으며, 미국 주요 일간지 8곳 역시 마이크로소프트에 법적 대응을 시작했다. 이는 AI 학습 데이터에 대한 접근 방식이 기존의 자유로운 크롤링에서 벗어나, 점점 더 구독 및 라이선스 기반으로 변화하고 있다는 것을 보여준다.

📁 한국 AI 학습 데이터 소송 본격화, 법제도 개선

네이버 상대로 소송, 한국신문협회도 공정위 제소 추진

AI 학습 데이터를 둘러싼 법적 논쟁이 한국에서도 본격화되고 있다. 2025년 1월, 국내 지상파 3사(KBS, MBC, SBS)가 네이버를 상대로 법적 소송을 제기한 데 이어, 2025년 2월 한국신문협회도 오픈AI, 구글 등 글로벌 AI 기업을 공정거래위원회에 신고할 계획을 밝혔다.

네이버는 자체 AI 모델인 '하이퍼클로바' 및 '하이퍼클로바X'를 학습시키는 과정에서 방송사의 기사 콘텐트를 무단 활용했다는 이유로 소송을 당했다. 이와 동시에 한국신문협회는 네이버뿐만 아니라 오픈AI, 구글 등 해외 AI 기업들도 한국 언론사의 뉴스 콘텐트를 무단으로 학습한 정황이 있다고 보고 공정거래법 위반 여부를 조사할 계획이라고 발표했다.

한국신문협회는 "공정위 제소를 통해 신문사와 생성형 AI 기업 간 공정한 거래 관계를 구축하고, 뉴스 저작물의 가치를 제대로 인정받을 수 있도록 하겠다"고 밝혔다. 또한, IT 플랫폼의 AI 알고리즘 투명성 확보도 중요한 목표라고 강조했다.

AI 기업의 데이터 활용 논란, 공정거래법 위반 여부 검토

한국신문협회는 그동안 회원사 디지털 전략 책임자 10명이 참여하는 '생성형 AI 대응 협의체'를 구성해 AI 기업들의 뉴스 콘텐츠 무단 활용 문제를 검토해왔다. 한국신문협회는 AI 기업들이 뉴스 기사를 학습하는 과정에서 저작권법을 위반했으며, 공정거래법상 '시장 지배적 지위 남용 행위' 및 '거래상 우월적 지위 남용 행위'에 해당할 가능성이 높다고 판단하고 있다. 한국신문협회는 다음과 같은 점을 문제 삼고 있다.

- AI 학습 과정에서 언론사의 뉴스 콘텐츠를 무단 이용하고도 정당한 대가를 지급하지 않은 점
- 기사 내용 및 표현을 그대로 복제하여 활용하거나 출처를 명시하지 않은 점
- 뉴스 기사 배치와 관련한 AI 알고리즘의 불투명성 문제
- 뉴스 콘텐츠 이용 계약 내용을 AI 기업이 일방적으로 변경한 사례

이러한 문제들은 AI 기업이 뉴스 콘텐츠를 활용하는 방식의 공정성을 재검토하는 계기가 될 것이며, 향후 법적 판단이 AI 시장에 중요한 선례를 남길 것으로 보인다.

한국신문협회, AI 학습 데이터의 법·제도 개선 추진

한국신문협회는 AI의 뉴스 저작권 침해 문제에 대응하기 위해 법·제도 개선에도 적극 나설 계획이다. 'AI 발전과 신뢰 기반 조성 등에 관한 기본법' 개정을 추진해 AI 학습 데이터의 출처 공개를 의무화하는 조항을 신설할 것을 정부와 국회에 요구하겠다고 밝혔다. 현행 '저작권법 7조 5호'에서 '사실의 전달에 불과한 시사 보도'는 저작권 보호를 받지 않는

대상으로 규정되어 있는데, 이를 삭제하고 뉴스 콘텐츠를 별도로 저작권 보호 대상으로 포함하는 개정안도 추진할 예정이다.

이러한 법 개정이 이루어진다면, 향후 AI 기업들은 뉴스 콘텐츠를 학습하는 과정에서 보다 엄격해진 법적 기준을 따라야 하며, 언론사와의 협력 없이 데이터를 무단으로 학습하는 것이 더욱 어려워질 수도 있다.

📁 AI 학습의 미래, 구독이 답이다

현재 AI 학습 데이터를 둘러싼 논쟁은 AI 기술 발전과 저작권 보호라는 두 가지 가치가 충돌하는 문제다. AI 기업들은 더 많은 데이터를 학습해야 기술의 정교함을 높일 수 있지만, 콘텐츠 제공자는 자사의 저작물이 무단으로 사용되는 것을 경계하고 있다.

이러한 갈등을 해소하는 핵심 설루션 중 하나는 구독 기반의 AI 학습 데이터 제공 모델이다. 기존의 콘텐츠 제공 방식이 개별 기사 구매나 광고 기반 무료 열람에 집중되었다면, AI 시대에는 구독형 데이터 라이선스 모델이 더욱 중요해질 가능성이 크다. AI 기업들은 언론사, 학술기관, 데이터 제공 업체와 협력하여 구독 기반의 데이터 라이선스 계약을 체결하는 방식으로 AI 학습 데이터를 확보하는 구조를 만들어야 한다.

이는 단순한 법적 대응을 넘어, 구독경제와 AI의 결합을 통해 지속 가능한 AI 생태계를 조성하는 중요한 전환점이 될 것이다. AI 기업이 구독 모델을 통해 합법적으로 데이터를 이용하고, 콘텐츠 제공자는 정당한 수익을 확보하는 구조가 정립된다면, AI 혁신과 저작권 보호 간의 균형을 맞출 수 있다.

결국, 이번 소송과 공정위 신고는 AI 산업에 새로운 방향성을 제시할 것이다. AI 기업과 콘텐트 제공자가 공정한 거래 관계를 바탕으로 데이터를 공유하는 구조가 자리 잡으면, AI 기술의 신뢰성과 지속 가능성이 더욱 높아질 것이다. 앞으로 AI 학습 데이터의 주요 공급 방식이 구독 모델로 전환될 가능성이 높아지면서, '구독경제 AI 시대'가 본격적으로 도래할 것으로 예상된다.

대한민국 생성형 AI 구독
약 3배 증가

📁 **2024 대한민국 구독경제: 이용 금액 17.1%, 이용 건수 12.9% 증가**

대한민국의 구독경제가 빠르게 성장하고 있다. 특히 생성형 AI 서비스는 전년 대비 이용 건수가 약 3배(299%) 증가하며 폭발적인 성장세를 기록했다. 이는 챗GPT를 비롯한 AI 기반 서비스가 일반 소비자들의 일상에 깊이 자리 잡으며, 기술적 혁신을 넘어 새로운 뉴 노멀(New Normal)이 되고 있다는 것을 보여준다.

KB국민카드가 2025년 2월 발표한 자료에 따르면, 2024년 신용카드와 체크카드로 구독 서비스를 이용한 고객 460만 명의 결제 데이터를 분석한 결과, 구독 서비스 이용 건수는 2023년 대비 12.9% 증가, 이용 금액은 17.1% 증가한 것으로 나타났다. 이처럼 소비자들이 정기적으로 서비스를 구독하는 형태가 더욱 확대되고 있으며, 소비 트렌드가 단순한 소비에서 지속적인 가치 소비로 전환되고 있다는 것을 알 수 있다.

특히, 생활·건강 관련 구독 서비스가 59% 증가하며 높은 성장률을 기록했다. 이는 건강 및 웰빙을 중시하는 트렌드가 반영된 결과로 볼 수 있으며, 코로나19 이후 소비자들이 건강 관련 서비스를 더욱 적극적으로 구독하는 경향이 지속되고 있다는 것을 보여준다. 또한, 쇼핑·배달 멤버십(34%), 뉴스·매거진 구독 서비스(32%) 등도 꾸준한 증가세를 보이며, 다양한 산업에서 구독 서비스가 핵심적인 소비 방식으로 자리 잡고 있다.

구독경제는 이제 단순한 트렌드를 넘어 소비자들의 필수 소비 패턴이 되고 있다. 한때 특정 산업에 국한되어 있던 구독 모델이 OTT, 음악 스트리밍, 배달 서비스, 건강관리, 디지털 콘텐츠 등 다양한 분야로 확산되면서 소비자들은 더 이상 개별 상품을 구매하기보다는 정기적인 서비스 이용을 선호하는 경향을 보이고 있다.

📁 생성형 AI, 장기 구독자 늘어나지만 체험형 이용자도 많다

그중에서도 생성형 AI 서비스는 가장 두드러진 성장세를 보이고 있다. 과거 AI 서비스는 특정 전문가나 기술 개발자들만 이용하는 것으로 여겨졌으나, 이제는 일반 소비자들까지도 AI의 필요성을 느끼며 정기적으로 구독하고 있다. 챗GPT, 클로드(Claude), 미드저니(Midjourney)와 같은 AI 기반 플랫폼들은 소비자들에게 생산성과 창의성을 높일 수 있는 도구로 자리 잡으며, 단순한 호기심을 넘어 필수적인 업무 및 학습 도구로 인식되고 있는 것이다.

생성형 AI 서비스를 구독하는 고객 중 상당수가 장기간 유료 구독을 유지하는 것으로 나타났다. 전체 이용자의 30%는 7개월 이상 연이어 구독하고 있으며, 이 중 28%는 7개월~12개월간 AI 서비스를 이용했다. 이는 AI가 단순한 트렌드가 아니라, 지속적으로 가치를 제공하는 서비스로 자리 잡고 있다는 것을 의미한다.

반면, 24%는 1개월만 체험 후 구독을 해지한 것으로 나타났다. 이는 AI 서비스가 여전히 많은 소비자들에게 '호기심의 대상'이라는 점을 시사하며, 초기 체험 후 유료 구독으로 전환되는 과정에서 서비스 제공자들이 어떻게 소비자들에게 지속적인 가치를 제공할 것인지가 중요한 과제로 떠오르고 있다는 것을 보여준다.

📁 구독경제의 미래, 맞춤형 서비스와 AI의 결합이 핵심

구독경제의 지속적인 성장을 위해서는 소비자 개개인의 요구에 맞춘 맞춤형 서비스 제공이 필수다. 특히 생성형 AI는 다양한 분야에서 활용될 가능성이 높은 만큼, 차별화된 콘텐트 및 기능을 제공하여 고객을 장기 구독자로 전환할 수 있는 전략이 필요하다.

예를 들어, AI 기반 콘텐트 제작 서비스는 영상·디자인·음성합성 등 다양한 기능을 결합하여 소비자의 창작 활동을 돕는 방향으로 발전할 수 있으며, AI가 소비자의 패턴을 학습하여 맞춤형 기능을 추천하는 것도 중요한 전략이 될 것이다.

이처럼 구독경제는 앞으로 더 정교해지고, 개인 맞춤형 서비스를 제공하는 방향으로 나아갈 것이다. 특히 AI와 결합한 구독 서비스는 단순한 반복적 소비를 넘어 사용자 경험을 최적화하는 방향으로 진화하고 있다. 이를 통해 장기적인 고객 충성도를 확보하는 것이 중요해질 전망이다.

대한민국의 구독경제는 이제 새로운 국면을 맞이하고 있다. 특히 AI

의 부상과 함께, 소비자들은 점점 더 많은 영역에서 구독 모델을 활용하게 될 것이다. 이런 소비자들을 붙잡기 위해 앞으로 기업들이 어떻게 차별화된 가치를 제공하고, 구독자를 락인시킬지가 기업들에 가장 중요한 핵심 전략이 될 것이다.

오픈AI의 광고 시장 진출:

선택인가, 도전인가?

생성형 AI의 수익이 구독밖에 없는 상황에서, 관련 기업들은 여러 난관을 뚫고 광고 시장 진출을 지속적으로 모색 중이다. 오픈AI가 광고 사업에 진출할 가능성이 높아지면서, AI 기반 검색 시장이 새로운 국면을 맞이하고 있다. 2024년 말 오픈AI 프라이어 CFO는 "언제 어디에 광고를 구현할지 신중히 고려할 계획"이라고 언급하며 광고 도입을 공식적으로 검토하고 있다는 것을 밝혔다. 업계는 오픈AI가 광고 도입 서비스를 적용할 유력한 후보로 AI 검색 서비스인 '챗GPT 서치(Search)'를 말하고 있다.

광고 도입은 단순한 사업 확장이 아니라 오픈AI의 생존 전략과 직결된 선택으로 보인다. AI 기술 개발 비용이 급격히 증가하는 가운데, 기존 유료 구독 모델만으로는 재정적 지속 가능성을 담보하기 어려워졌기 때문이다.

📁 구독 매출 연 2배 이상 성장

오픈AI는 챗GPT의 높은 인기를 바탕으로 상당한 규모의 수익을 창출하고 있다. 2024년 챗GPT의 주간 활성 사용자는 2억5,000만 명을 넘었다. 이 중 유료 구독자는 약 1,000만 명으로, 오픈AI는 2024년 34억 달러(약 4조7,720억 원)에 달하는 구독 매출을 달성한 것으로 추정된다. 이는 2023년 16억 달러(약 2조2,460억 원)보다 두 배 이상 늘어난 수치다.

그러나 AI 모델 개발 및 유지 비용은 훨씬 가파르게 증가하고 있다. AI 모델 개발 비용이 기하급수적으로 증가하는 탓에 필요한 지출은 연간 50억 달러(약 7조200억 원), 많게는 70억 달러(약 9조8,250억 원)에 달할 것으로 예상된다. 이에 따라 오픈AI는 현재 월 20달러인 챗GPT 플러스 구독료를 2029년까지 월 44달러로 대폭 인상할 계획인 것으로 전해졌다. 하지만 구독료 인상만으로는 급격한 비용 상승을 감당하기 어렵기에, 광고라는 추가적인 수익 모델을 검토할 수밖에 없는 상황이다.

📁 경쟁사들의 광고 도입, AI 검색 시장의 격변

오픈AI의 광고 도입 가능성은 경쟁사의 움직임과도 밀접한 관련이 있다. AI 검색을 제공하는 퍼플렉시티(Perplexity)는 미국에서 '스폰서 후속 질문'이라는 형태의 광고를 도입했으며 인디드, 홀푸드마켓, 유니버설매캔, PMG 등의 브랜드가 참여하고 있다. 기존 검색엔진의 광고 모델을 AI 검색에 적용하려는 시도로 해석된다.

구글 역시 빠르게 대응하고 있다. AI 검색 서비스 'AI 오버뷰(AI Overview)'에 광고를 도입했으며, 현재 미국 모바일 화면에서만 노출되고 있다. 특정 상업적 검색어에 한해 'Sponsored' 표시가 붙은 광고가 노출되는데, 예를 들어 "옷의 주름을 펴는 방법"을 검색하면 AI가 정리한 정보와 함께 관련 제품 광고가 제공되는 방식이다.

이러한 움직임은 AI 검색 시장이 단순한 정보 제공을 넘어, 본격적인 광고 플랫폼으로 변모하고 있다는 것을 보여준다. AI 검색엔진이 기존의 웹 검색 시장을 대체하면서, 광고 수익이 필연적인 요소로 자리 잡고 있는 것이다.

오픈AI가 광고를 도입할 경우, AI 검색 시장의 경쟁이 본격화될 것으로 예상된다. 그러나 한편으로는 광고가 AI 검색 서비스의 품질을 저하시킬 수 있다는 우려도 제기된다. 기존 인터넷 검색과 마찬가지로, 생성형 AI가 광고주에게 유리한 편향된 결과를 제공할 가능성이 있기 때문이다. 오픈AI가 광고 모델을 도입하더라도, 사용자 경험을 해치지 않는 방식으로 차별점을 만들어야 한다. 단순히 수익 창출이 아니라, AI 검색 광고가 기존 검색 광고보다 얼마나 더 정교하고, 유익하며, 비편향적인 정보를 제공할 수 있을지가 핵심 관건이 될 것이다.

📂 오픈AI, 검색의 제왕 구글의 아성을 흔들 수 있을까?

현재 구글은 글로벌 검색 시장의 절대 강자로 군림하고 있으며, AI 검색 광고 도입에도 선제적으로 나서고 있다. 이에 맞서는 오픈AI는 챗GPT 기반 AI 검색을 통해 구글의 아성을 흔들 기회를 엿보고 있지만 광고 모델 도입이 이를 가속화할지, 오히려 브랜드 신뢰도를 낮출지는 아직 미지수다.

구글과 퍼플렉시티처럼 기존 검색 광고 모델을 AI에 그대로 적용할 것인지, 혹은 광고와 검색 결과의 경계를 명확히 하는 새로운 방식을 제시할 것인지가 오픈AI의 경쟁력과 직결될 것이다. AI 검색 광고 시장이 기존 검색 광고와 얼마나 차별화될 수 있을지, 그리고 오픈AI가 이를 성공적으로 이끌어갈 수 있을지가 향후 검색 시장의 판도를 가를 중요한 변수가 될 것으로 보인다.

· · ·

SUBSCRIPTION ECONOMY

2장

황야의 무법자(M7)는
구독 마니아?

M7 시대의 구독경제:
비즈니스의 새로운 표준

영화 「황야의 7인(The Magnificent Seven)」은 1960년대 할리우드에서 제작된 초대형 서부극 블록버스터로, 당대의 영화 산업과 문화를 상징하는 작품 중 하나다.

율 브리너, 스티브 맥퀸 등 당시 최고의 스타들이 총출동한 캐스팅은 지금으로 치면 「어벤져스」와 같은 수준의 초호화 라인업이라 할 수 있다. 특히, 스티브 맥퀸과 율 브리너의 카리스마 넘치는 연기는 관객들에게 강렬한 인상을 남겼다.

그로부터 60년이 지난 후, 다시 황야의 7인이 나타났다. 현대의 "Magnificent 7(Apple, Microsoft, Alphabet(Google), Amazon, NVIDIA, Tesla, Meta)"이다.

과거와 현재의 M7은 공동체를 지키고 혁신을 주도하는 리더들로 구성되어 있다는 점이 공통점이다. 영화에서는 7명의 총잡이가 마을을 위협하는 악당들로부터 사람들을 구했듯, 현대의 빅테크 기업들은 구독경제를 통해 소비자들이 원하는 서비스를 끊임없이 제공하며 일상을 '보호'하고 편리하게 만든다.

차이점은 리더십의 방식에 있다. 영화 속 총잡이들은 희생과 공동체 중심의 행동으로 스토리를 이끌지만, 현대의 빅테크는 데이터와 개인화된 서비스를 통해 효율성을 극대화하며 사람들을 묶어둔다.

결국, 과거의 총잡이가 마을을 방어했다면, 현대의 M7은 구독경제를 무기로 소비자의 마음과 시간을 '락인'하며 경제 생태계를 장악하고 있다.

📁 M7은 무엇인가?

M7은 2023년 상반기 뉴욕 증시에서 생성형 AI 열풍과 함께 기술주 중심의 강세를 이끈 7대 기업을 가리킨다. 이는 뱅크오브아메리카(BofA)의 마이클 하트넷 최고 투자전략가가 명명한 용어로, 기존의 MAGA(Microsoft, Apple, Google, Amazon)에 NVIDIA, Meta(Facebook), Tesla를 추가한 조합이다.

M7의 경제적 영향력은 세계 시장에서 독보적이다. 로이터는 2024년 12월, "M7 종목의 시가총액은 세계 증시 시가총액의 5분의 1에 달할 정도로 커졌다"고 보도하며, 이들이 글로벌 경제의 중심에 서 있다는 것을 다시 한번 드러냈다.

기술 산업은 단순한 제품 판매에서 벗어나, 지속적이고 안정적인 수익을 창출하는 구독경제 중심으로 변화하고 있다. M7이라 불리는 애플, 마이크로소프트, 구글, 아마존, 엔비디아, 테슬라, 메타는 이러한 변화의 선두에 서 있으며, 하드웨어, 소프트웨어, 클라우드, AI, 자동차, 데이터 서비스까지 구독 모델을 확장하며 시장을 주도하고 있다.

과거에는 소비자가 제품을 한 번 구매하면 소유하는 방식이 일반적이었지만, 이제는 월정액 혹은 연 단위로 지속적인 비용을 지불하며 서비스를 이용하는 구독 모델이 핵심 성장 전략으로 자리 잡고 있다. 이는 기업 입장에서 꾸준한 매출을 보장할 뿐만 아니라, 소비자에게는 초기 비용 부담을 줄이고 최신 기술을 계속 사용할 수 있는 혜택을 제공한다.

　　M7 기업들은 각자의 핵심 역량을 기반으로 다양한 방식의 구독 서비스를 제공하고 있으며, 이를 통해 사용자들이 자사 생태계에서 벗어나지 못하도록 하는 강력한 고객 락인 효과를 만들어내고 있다.

　　이처럼 구독경제는 M7의 미래 전략이다. M7 기업들은 하드웨어, 소프트웨어, AI, 클라우드, 데이터를 구독경제 모델로 전환하며 지속적인 수익을 창출하는 구조로 변화하고 있다. 앞으로 AI, 인공위성, 자동차, 클라우드까지 모든 것이 구독형으로 변화할 가능성이 크며, 이는 기술 산업의 새로운 표준이 될 것이다.

강제 구독의 시대

애플:
세상에서 가장 큰 헬스클럽

애플은 하드웨어 제조업체를 넘어 소프트웨어와 서비스 중심의 기업으로 변모하고 있다. 애플의 대표적인 구독 서비스는 애플 원(Apple One)이며, 이는 애플 뮤직(Apple Music, 음악 스트리밍), 애플 TV+(Apple TV+, 영상 콘텐트), 애플 아케이드(Apple Arcade, 게임), 아이클라우드+(iCloud+, 클라우드 저장소), 애플 피트니스+(Apple Fitness+, 홈트레이닝 서비스) 등을 포함한 패키지 모델이다.

특히 애플 피트니스+로 애플은 헬스케어 산업까지 확장하려는 전략을 펼치고 있다. 애플은 2021년 애플 피트니스+를 대대적으로 업데이트하며 "우리는 세상에서 가장 큰 헬스클럽이다"라고 발표했다. 2024년 기준, 애플 기기 활성화 대수는 22억 대 이상이며, 이 중 10%만 홈트레이닝 서비스를 사용해도 2억 개 이상의 피트니스 센터가 생긴다고 볼 수 있다.

또한 애플은 하드웨어 구독 모델 도입을 준비하고 있다. 2016년 골드만삭스의 애널리스트 시모나 잔코스키(Simona Jankowski)는 애플에 "애플 프라임(Apple Prime)"이라는 구독 모델을 제안했으며, 이후 2022년에는 아이폰과 아이패드 같은 하드웨어 제품도 소프트웨어와 결합한 구독 모델로 제공할 계획이 보도되었다.

이 모델이 도입되면 소비자는 초기 비용 없이 최신 아이폰을 사용할 수 있으며, 애플은 하드웨어 판매의 한계를 넘어서 지속적인 매출을 확보하는 효과를 얻게 된다. 진정한 모바일의 하이브리드 구독 시대가 열리는 것이다.

마이크로소프트:
AI, 인공위성, 그리고 윈도우까지 구독

마이크로소프트는 클라우드 및 AI 기반의 구독 모델을 구축하여 지속적인 수익을 창출하고 있다. 대표적인 서비스로는 마이크로소프트 365(Microsoft 365, M365)가 있으며, 이는 과거 영구 라이선스로 판매되던 워드, 엑셀, 파워포인트 등의 오피스 소프트웨어를 월정액 혹은 연간 구독 형태로 제공하는 모델이다. 또한, 애저(Azure)를 통해 기업에 클라우드 인프라와 AI 분석 서비스를 구독 형태로 제공하며, 코파일럿 AI를 추가하면서 M365의 구독료를 인상하였다.

마이크로소프트는 AI뿐만 아니라, 인공위성 데이터 구독 서비스도 제공하고 있다. 2020년 마이크로소프트는 애저 기반 인공위성 데이터 구독 서비스를 발표하였다. 이를 통해 기업들은 직접 인공위성을 띄우지 않고도, 필요한 데이터를 사용량 기반 과금 모델로 구독할 수 있다.

현재 윈도우는 B2B의 경우 윈도우 365(Windows 365)라는 구독 서비스를 하고 있다. 기업의 경우 클라우드 PC로 윈도우를 구독하고 있는 것이다. 일부에서는 향후 윈도우12 등이 구독 서비스로 출시될 것이라는 예상도 있다. 마이크로소프트 측에서 공식적인 입장을 내놓지 않았기에 정확히 알 수는 없으나, 우리가 집에서 사용하는 윈도우도 M365처럼 매월 구독료를 내야 할 날이 멀지 않은지도 모르겠다.

구글:
유튜브와 AI를 구독

2024년 2월 구글의 CEO 순다르 피차이는 분기 실적 발표에서 구글이 "2023년에 구독으로 150억 달러를 벌었다"고 말한다. 당시 환율로 약 20조 원이 훌쩍 넘는 금액이다. 구글은 전체 분기 총액에서 구독이 차지하는 비중을 밝히지는 않았다. 구글은 광고 기반 비즈니스 모델에서 벗어나, 다양한 구독 서비스를 통해 수익 모델을 확장하고 있다. 구글은 개인위치정보, 3자 데이터의 검색이 제한됨에 따라 광고 수익원을 대신할 수익원으로 구독 서비스를 보고 있다.

구글은 다양한 구독 서비스를 하고 있는데, 대표적인 서비스가 우리가 모두 아는 유튜브 프리미엄(YouTube Premium)이다. 유튜브 프리미엄을 이용하면 광고 없이 동영상을 시청할 수 있으며, 유튜브 뮤직(YouTube Music)을 함께 사용할 수 있다.

또한, 구글 원(Google One)은 클라우드 저장소를 제공하는 구독 서비스이며, 기업용 생산성 소프트웨어인 구글 워크스페이스(Google Workspace) 역시 구독 형태로 제공된다. 구글 플레이 패스(Google Play Pass)는 월 6,500원

정기 결제 시 1,000개 이상의 유료 앱과 게임을 무료로 이용할 수 있으며, 광고가 제거되고 게임 내 인앱 결제 할인, 특별 아이템, 배틀 패스 등의 혜택을 제공한다. 구글은 AI 기반 서비스인 제미나이를 구독 모델로 제공하며, AI 기능을 대중화하는 전략을 추진하고 있다.

아마존:

구독 멤버십의 롤모델, 아마존 프라임

아마존은 아마존 프라임(Amazon Prime)을 통해 **빠른 배송**, 아마존 프라임 비디오(Prime Video), 아마존 프라임 뮤직(Prime Music) 등의 서비스를 제공하고 있다. 이는 구독 멤버십의 롤모델이다. 우리나라 쿠팡의 와우 멤버십도 아마존 프라임을 벤치마킹한 것으로 알려져 있다. 아마존 웹 서비스(Amazon Web Services, AWS)를 통해 기업 고객을 대상으로 한 클라우드 구독 모델도 운영하고 있다.

2019년, 아마존은 AWS 기반의 '그라운드 스테이션(Ground Station)' 서비스를 발표했다. 이를 통해 기업들은 직접 인공위성을 소유하지 않고도, 인공위성 데이터를 구독하는 방식으로 이용할 수 있게 됐다.

엔비디아:
AI와 GPU 구독

엔비디아는 그래픽 처리 장치(Graphic Processing Unit, GPU) 제조업체에서 AI와 클라우드 기반의 구독 서비스 기업으로 변모하고 있다. 대표적인 서비스로는 DGX 클라우드(DGX Cloud)가 있으며, AI 연구 기업들이 고성능 GPU를 월 단위로 임대하여 사용할 수 있도록 제공한다. 또한, 지포스 나우(GeForce NOW)는 클라우드 기반 게임 스트리밍 서비스로, 고사양 PC 없이도 고성능 게임을 플레이할 수 있도록 지원한다. 시장조사 업체 포춘 비즈니스 인사이트(Fortune Business Insights)에 따르면 세계 구독형 GPU(GPU as a Service, GPUaaS) 시장은 2023년 31억6,000만 달러(약 4조2,500억 원)에서 2030년 255억3,000만 달러(약 34조3,500억 원)로 8배 급성장할 전망이다.

이렇다 보니 국내 정보통신기술(ICT) 기업들이 구독형 그래픽 처리 장치 시장을 두고 본격적인 경쟁에 나섰다. 생성형 AI 모델 개발에 필수적인 GPU 수요가 증가하면서, 기업들은 클라우드 기반의 구독형 GPU 사업을 강화하고 있다. 국내 기업들도 최신 GPU 도입과 인프라 강화를 통해 경쟁력을 높이고 있다.

테슬라:
자율주행 구독 서비스 매출 대비 4배 이익

테슬라는 자동차 산업에서 하드웨어 판매에만 의존하지 않고, 소프트웨어 구독 모델을 통해 지속적인 수익을 창출하는 전략을 추진하고 있다. 그 대표적인 예가 완전자율주행(Full Self-Driving, FSD) 구독 서비스다.

테슬라는 완전자율주행 기능을 두 가지 방식으로 제공하고 있다. 소비자는 일시불로 12,000달러(약 1,700만 원)를 지불하고 완전자율주행 기능을 영구적으로 사용할 수 있으며, 또는 월 99달러(약 14만 원)의 구독료를 내고 이용하는 방식을 선택할 수도 있다.

모건스탠리 보고서에 따르면, 2025년까지 테슬라의 완전자율주행 구독 서비스는 전체 매출의 6%를 차지하지만, 총수익 기여도는 25%에 이를 것으로 전망된다. 이는 매출 대비 4배 이상의 이익률을 기록할 수 있는 고수익 사업 모델이라는 의미다.

메타:
크리에이터 구독과 페이스북 유료 구독

메타 계열의 주력사는 페이스북과 인스타그램일 것이다. 페이스북과 인스타그램을 제대로 사용하기 위해서는 유료로 구독해야 한다. 2022년 1월, 인스타그램은 크리에이터 유료 구독을 시범 운영했다. 구독자는 일부 유료 인스타 스토리나, 라이브 방송을 즐기기 위해 구독료를 내는 방식이다.

유료 구독자를 위한 콘텐트에는 보라색 마크가 표시돼 눈에 띄게 노출된다. 유료 구독자들의 이름에도 보라색 마크가 표시돼 크리에이터들이 구독 여부를 한 번에 알아볼 수 있다. 메타는 미국의 소수 크리에이터들을 대상으로 구독 모델을 시범 적용했다.

시범 기간 구독료는 0.99달러에서 9.99달러까지 기간과 형식에 따라 다양한 옵션이 제공되었다. 우리나라에는 2023년 12월에 구독, 기프트, 보너스 프로그램 등 크리에이터의 새로운 수익 창출 기능이 도입되었다.

기프트는 릴스 콘텐트를 통해 팬들로부터 수익을 얻을 수 있는 기능으로, 팬들은 앱에서 '스타'를 구매해 좋아하는 크리에이터를 응원할 수 있다. 구독 기능을 통해 크리에이터는 구독자에게 릴스, 라이브, 스토리 등 독점 콘텐트를 제공하며, 구독 요금은 크리에이터가 설정할 수 있다. 또, 구독료를 지불한 구독자가 남긴 댓글이나 DM(다이렉트 메시지) 옆에는 보라색 왕관 모양의 구독자 배지가 표시돼 일반 이용자와 구분된다. 인스타그램 보너스 프로그램은 크리에이터들의 콘텐트 퍼포먼스에 따라 수익 정산을 받을 수 있는 수익 창출 지원 프로그램이다.

페이스북의 경우 2023년 말, 유럽에서 광고 없는 유료 구독 서비스를 출시했다. 이용자는 웹에서 월 9.99유로(약 15,000원), 모바일에서는 월 12.99유로(약 19,000원)의 구독료를 내야 광고 없이 서비스를 이용할 수 있다.

계획적 노후화 논란의 새로운 해법: 모바일 구독 서비스

"스마트폰은 2년 정도 지나면 자연스럽게 교체할 수밖에 없게 되는데
일부러 제품을 이렇게 만드는 거 아냐?"

가끔 지인들과 하는 이야기다. 이른바 스마트폰 회사들이 '계획적 노후화' 또는 '진부화(Planned obsolescence)'를 하고 있다고 생각하는 것이다. 계획적 노후화는 기업이 일정 기간이 지나면 제품을 정상적으로 사용할 수 없도록 설계하여, 어느 시점이 되면 새 제품의 구매를 유도하는 것을 의미한다.

우리나라 소비자만 그렇게 생각하는 게 아니라 미국의 소비자들도 그렇게 생각하는 것 같다. 미국 소비자 10명 중 9명 이상이 스마트폰 제조사의 계획적 노후화를 의심하고 있다는 조사 결과가 나왔다. 2018년 미국 정보 기술 전문 매체 폰아레나가 '계획적 노후화가 실제 존재한다고 생각하십니까'라는 주제로 한 설문 조사 결과, 전체 응답자 중 90.6%가 '그렇다'고 응답했다. 스마트폰 제조사의 계획적 노후화는 실제 존재하지 않을 거라고 말한 응답자는 9.4%에 불과했다. 즉 10명 중에 9명 이상은 스마트폰이 2년 지나면 사용하기 불편하도록 일부로 설계했다고 믿고 있다는 것이다.

스마트폰은 이제 단순한 통신 수단을 넘어 우리의 일상에서 필수적인 기술로 자리 잡았다. 그러나 기술의 발전이 거듭되면서 스마트폰 제조사들을 둘러싼 논란 또한 깊어지고 있다. 그중 대표적인 것이 바로 '계획적 노후화'에 대한 의심이다. 스마트폰 제조사들이 실제로 이런 전략을 사용하는지는 불분명하다. 하지만 소비자들이 이러한 인식을 가지게 된 것 자체가 문제다. 이는 경제적 부담을 증가시키고, 불필요한 자원 낭비를 초래하며, 기업과 소비자 간 신뢰를 약화시키는 결과를 낳기 때문이다. 이러한 맥락에서 최근 등장한 모바일 구독 서비스는 계획적 노후화 문제를 해결할 수 있는 중요한 대안으로 주목받고 있다.

📁 소유에서 경험으로: 구독 서비스가 제공하는 가치

모바일 구독 서비스는 스마트폰 사용 방식의 패러다임 전환을 이끌고 있다. 기존에는 소비자가 고가의 스마트폰을 소유하고, 일정 시간이 지나면 성능 저하와 디자인 유행의 변화로 인해 새 기기를 구매하는 패턴이 반복되었다. 반면 구독 서비스는 소비자가 기기를 소유하는 대신 매달 일정 금액을 지불하고 사용하는 방식으로, 스마트폰이 '소모품'이 아니라 '경험의 일부'로 전환되는 구조를 만들어낸다. 이런 구조는 구체적으로 다음과 같은 부가 가치를 창출한다.

경제적 부담 완화

모바일 구독 서비스의 가장 큰 장점은 초기 구매 비용 부담을 없애는 것이다. 예를 들어, 소비자가 1,000달러 이상을 지불해 최신 스마트폰을 구매하는 대신, 매달 30달러~50달러의 요금을 내고 최신 기기를 이용할 수 있다. 이는 특히 고가 스마트폰 구매에 심리적 부담을 느끼는 소비자들에게 매력적인 옵션으로 작용한다.

계획적 노후화 논란의 해소

구독 모델은 소비자가 특정 기기를 오래 사용할 필요 없이 일정 주기마다 최신 모델로 교체할 수 있도록 설계되어 있다. 이로 인해 '기기가 고장 나도록 설계되었다'는 불신이 자연스럽게 해소될 가능성이 높다. 더 이상 소비자들은 기기의 성능 저하나 고장을 걱정할 필요 없이, 언제나 최신 기술을 경험할 수 있다.

환경적 지속 가능성

계획적 노후화가 초래하는 또 다른 문제는 자원의 낭비다. 불필요한 기기 교체는 전자 폐기물을 증가시키고, 환경에 부정적인 영향을 미친다. 반면 구독 서비스는 제조사가 기기를 회수하고, 이를 리퍼 제품으로 재활용하거나 신흥 시장에 판매할 수 있는 순환 경제를 촉진한다. 이는 자원 효율성을 높이고, 환경에 미치는 영향을 줄이는 데 기여한다.

서비스 중심 생태계 강화

구독 서비스는 하드웨어뿐만 아니라 소프트웨어와 유지 보수 서비스도 결합하는 형태로 진화하고 있다. 애플의 경우 구독 요금에 아이클라우드 저장 공간, 애플 뮤직, 애플 TV+와 같은 서비스가 포함될 가능성이 높고, 삼성 역시 삼성 케어 플러스와 같은 유지 보수 서비스를 구독 모델에 통합할 수 있다. 이는 소비자들에게 단순히 기기를 사용하는 것을 넘어 브랜드 생태계에 깊이 속할 기회를 제공하며, 기업 입장에서는 고객 충성도를 높이는 효과를 낳는다.

📂 모바일 구독 서비스의 한계와 도전 과제

그럼에도 불구하고 모바일 구독 서비스가 완벽한 해법은 아니다. 이 모델은 소비자와 제조사 모두에게 다음과 같은 문제를 야기할 수 있다.

장기 비용 증가

구독 모델은 매달 지출이 발생하기 때문에 장기적으로는 소유보다 비용이 더 많이 들 수 있다. 예를 들어, 기기를 3년 이상 사용할 경우 구독 요금이 구매 비용을 초과할 가능성이 높다. 소비자들은 기기를 '소유'하지 못한다는 점에서 심리적 만족감이 낮아질 수도 있다.

브랜드 종속

구독 서비스는 특정 브랜드 생태계에 소비자를 묶어두는 효과가 있다. 애플, 삼성 등 주요 제조사가 제공하는 구독 모델을 이용하면 다른 브랜드로 이동하기 어려워지는 구조적 문제가 생길 수 있다.

중고폰 시장에 미치는 영향

기기를 자주 교체하는 구독 모델은 중고폰 시장에 부정적인 영향을 미칠 가능성이 있다. 중고폰 가격 하락이 예상되며, 이는 기기 회수 및 재

활용 시스템을 위축시킬 수 있다.

　모바일 구독 서비스는 계획적 노후화에 대한 소비자 불신을 해결하는 한편, 스마트폰 시장의 소비 방식을 '소유'에서 '경험'으로 전환하는데 중요한 역할을 할 것이다. 이는 소비자들에게 경제적, 심리적 부담을 줄이는 동시에 제조사에는 지속 가능한 수익 구조와 환경적 책임을 이행할 기회를 제공한다.

　궁극적으로, 이 모델은 단순한 기기 판매를 넘어, 기술의 '사용' 자체를 서비스화하는 혁신적 접근법으로 자리 잡을 가능성이 크다. 스마트폰 제조사들이 이러한 모델을 통해 소비자와 신뢰를 회복하고, 기술 생태계를 더욱 풍부하게 만들 수 있을지 주목된다.

· · ·

SUBSCRIPTION ECONOMY

3장

공(0)자 데이터 시대로
메타, 구글 길을 잃다

페이스북:
하룻밤 새 시총 330조 원 증발

2022년 4월, 페이스북(메타)의 시가총액이 하루 만에 2,300억 달러가 증발했다. 2025년 초 환율로는 약 330조 원이 넘는 금액이다. 그 당시 IT 업계에서는 이 충격적인 사건의 배후로 애플을 지목했다. 애플이 개인정보 보호 정책을 변경하면서 광고 시장의 핵심 자산이던 이용자 데이터 수집에 제동을 걸었기 때문이다.

📁 인터넷 기업들의 수익 모델 1,000조 원: 개인정보 기반 광고

인터넷 기업들은 오랫동안 이용자 데이터를 기반으로 광고를 팔아 왔다. 구글과 페이스북을 비롯한 빅테크 기업들은 서드 파티 쿠키(Third-Party Cookies)와 디바이스 추적 ID를 활용해 개별 사용자의 관심사와 행동 패턴을 분석하고, 이를 광고주에게 제공하는 방식으로 막대한 수익을 올렸다.

기업들이 사용자 데이터를 추적할 수 있도록 허용한 대표적인 기술이 바로 IDFA(Identifier for Advertisers)다. 이는 애플 기기에서 사용자의 활동을 추적하는 기능으로, 맞춤형 광고를 노출하는 데 필수적인 역할을 했다. 하지만 애플은 2021년부터 iOS 업데이트를 통해 IDFA 추적을 차단하도록 정책을 변경했다. 즉, 사용자가 명시적으로 동의하지 않으면 앱이 개인정보를 수집할 수 없도록 한 것이다.

특히, 인사이더 인텔리전스에 따르면 2025년까지 디지털 광고 시장의 규모는 7,851억 달러(약 1,100조 원)에 달한다. 이는 전 세계 광고 시장의 상당 부분을 차지하는 어마어마한 규모이며, 애플과 구글의 정책 변화가 기업들에 미치는 영향이 얼마나 큰지를 보여준다.

📁 애플과 구글의 정책 변화: 데이터 및 디지털 광고 생태계의 대변화

애플의 정책 변화는 인터넷 광고 시장의 근본적인 패러다임을 흔들었다. 그리고 얼마 지나지 않아 구글도 여기에 동참했다.

구글은 앱(안드로이드)에서는 제3자 데이터를 활용한 맞춤형 광고를 중단하고 자체 설루션을 도입했으며, 인터넷(크롬)에서는 서드 파티 쿠키를 이용한 표적 광고를 단계적으로 폐지하고 있다. 이는 구글이 자체적으로 데이터를 통제하면서도 광고 생태계를 유지하려는 전략의 일환이다.

그러나 구글은 개인정보 보호를 강화하겠다는 입장과 달리, 사용자 동의 없이 위치 데이터를 수집해 불법으로 활용했다는 혐의로 거액의 벌금을 부과받기도 했다. 2022년, 미국 오리건주 검찰총장 엘렌 로젠블룸(Ellen Rosenblum)은 구글이 이용자가 위치 추적 기능을 해제했다고 착각하도록 만든 뒤 불법적으로 위치 정보를 수집한 혐의로 약 4억 달러(한화

5,268억 원)의 벌금을 부과했다.

구글은 위치 정보를 활용해 광고 타기팅의 정확도를 높여왔으며, 이는 기업의 광고 수익 극대화 전략의 핵심이었다. 사용자가 특정 지역을 자주 방문하면, 그 지역에 맞는 광고를 노출하거나 특정 브랜드에 대한 소비 가능성을 예측하는 방식으로 광고를 최적화했다. 언론 보도에 따르면, 구글의 매출 구조는 검색 기능과 유튜브 등 광고 수익이 80% 이상을 차지한다. 결국, 광고 효율이 곧 구글의 수익성과 직결되며, 이를 위해 사용자 데이터를 적극 활용해왔다는 점이 벌금 부과의 핵심 이유였다.

이러한 변화는 단순한 개인정보 보호 차원을 넘어, 애플과 구글이 데이터 생태계의 지배력을 더욱 공고히 하려는 전략이라는 해석도 나온다. 기존에는 수많은 광고 기술 기업과 데이터 브로커들이 서드 파티 데이터를 활용해 수익을 올릴 수 있었지만, 이제 애플과 구글만이 퍼스트 파티 데이터를 독점적으로 활용할 수 있는 구조가 되어가고 있기 때문이다.

📁 **페이스북, 트위터, 스냅의 위기**

광고 시장이 흔들리면서 메타뿐만 아니라 스냅(Snap), 트위터(현재 X) 등도 직격탄을 맞았다. 페이스북은 서드 파티 쿠키 기반 광고에 의존하던 대표적인 기업이었는데, 애플이 IDFA 차단을 도입한 이후 광고 효율이 크게 감소했다. 이 말은 해당 기업들이 더 이상 광고주들이 원하는 만큼의 정밀한 타기팅을 할 수 없게 되었다는 것을 의미한다. 이런 흐름은 결국 광고비 감소로 이어졌다.

스냅 역시 같은 문제를 겪으며 2022년 2분기 매출이 전 분기 대비

13% 증가한 11억1,000만 달러(약 1조4,500억 원)를 기록했음에도 불구하고 실적 발표 이후 시간 외 거래에서 주가가 26% 하락하는 충격을 받았다. 스냅은 실적 부진의 원인으로 애플과 구글의 개인정보 보호 정책 변경을 지목했다.

애플은 2021년부터, 구글은 2022년 2월부터 운영체제(OS)에 기록된 개인 데이터를 제3자에게 넘기는 것을 차단했으며, 이 정책 변화로 인해 스냅의 맞춤형 디지털 광고 매출이 직접적인 타격을 받았다. 스냅은 이에 대해 "플랫폼 정책 변경으로 10년 이상 지속된 광고업계의 표준이 바뀌었다"고 설명하며 변화하는 광고 환경 속에서의 어려움을 토로하였다.

전문가들은 "새로운 수익 모델을 찾지 않으면 인터넷 기업들의 생존이 어려울 것"이라고 경고한다. 맞춤형 광고 의존도가 높은 기업들은 기존의 타깃 광고 방식이 더 이상 유효하지 않다는 사실을 직면해야 한다.

그렇다면 이들 기업들은 앞으로 어떻게 살아남아야 할까?

📁 페이스북을 사용하려면 월 15,000원 구독료를 내야 한다

2022년, 유럽연합(EU)은 메타가 사용자의 동의를 받는 방식 자체를 문제 삼으며, 맞춤형 광고를 금지하는 결정을 내렸다. 그동안 메타는 페이스북과 인스타그램 이용자의 동의를 받은 뒤 웹사이트 방문 기록과 온라인 활동 데이터를 추적하여 광고를 제공해왔다. 하지만 EU 규제 당국은 이러한 동의 방식이 사용자의 실질적인 선택권을 보장하지 않는다며, 개인정보를 활용한 맞춤형 광고 모델을 금지했다.

이에 따라 메타는 2023년 말, 유럽에서 광고 없는 유료 구독 서비스

를 출시했다. 이용자는 웹에서 월 9.99유로(약 15,000원), 모바일에서는 월 12.99유로(약 19,000원)의 구독료를 내야 광고 없이 서비스를 이용할 수 있다. 하지만 EU는 맞춤형 광고를 거부하는 대가로 이용자에게 금전적 부담을 주는 것은 부당하다며, 2024년 4월 EU 개인정보보호이사회(European Data Protection Board, EDPB)에서 이를 강하게 비판했다. 결국 메타는 기존의 무료 이용과 맞춤형 광고 제공이라는 사업 모델을 유지하기 위해 새로운 구독 모델을 도입했지만, 유럽 시장에서 여전히 규제와의 충돌을 피하지 못하고 있다.

이제 인터넷 기업들은 개인정보 없는 시대에서 어떻게 수익을 창출할 것인가? 결국 구독뿐이다. 이는 해외에 국한된 사안이 아니다. 우리나라에서도 똑같이 벌어지고 있다.

대한민국:

구글과 메타에 1,000억 과징금, 피해 간 네이버·카카오

2025년 1월, 서울행정법원이 구글과 메타가 개인정보보호위원회(이하 개인정보위)를 상대로 제기한 1,000억 원대 과징금 취소 소송을 기각했다. 이는 대규모 플랫폼 기업의 개인정보 수집·활용 방식에 대해 법원이 개인정보위의 손을 들어준 중요한 판결로 기록됐다.

이번 판결은 구글과 메타가 이용자 동의 없이 인터넷 활동 기록을 수집해 맞춤형 광고에 활용한 데 대한 시정 명령과 과징금 부과가 정당했다는 점을 명확히 했다. 개인정보위는 2021년부터 두 회사의 맞춤형 광고 관련 개인정보 처리 실태를 조사한 뒤, 2022년 9월 약 692억 원(구글)과 308억 원(메타)의 과징금을 부과한 바 있다.

📁 구글·메타 vs 네이버·카카오: 데이터 수집 범위의 차이

이번 사건이 주목받는 이유는 구글과 메타가 네이버와 카카오와는 다른 방식으로 데이터를 수집했다는 점이다.

개인정보위는 같은 시기에 네이버와 카카오를 포함한 국내 주요 플랫폼사의 개인정보 보호 실태를 조사했지만, 구글과 메타만 과징금을 부과받았다. 그 이유는 데이터 수집의 범위와 방식에 있었다.

이들 기업은 이용자의 타사 서비스에서 활동한 기록까지 수집·분석해 맞춤형 광고에 활용했다. 예를 들어 사용자가 특정 웹사이트에서 한우를 검색하거나 구매하면, 이후 구글이나 메타의 플랫폼에서 육류 광고가 노출되는 방식이다.

문제는 이런 데이터를 수집할 때, 이용자 동의를 제대로 얻지 않았다는 데 있다. 구글은 기본 설정을 '동의'로 설정하고, 동의 과정에서 옵션을 숨기는 방식을 사용했다. 메타는 방대한 관련 정보를 694줄에 달하는 문서로 제공하면서, 한 화면에 5줄만 보이도록 설계해 사용자 동의를 사실상 강요했다는 지적을 받았다.

◇ 구글·메타 이용자의 타사 행태 정보 수집 절차

자료 : 개인정보보호위원회

반면, 네이버와 카카오는 자사 서비스 이용 정보만 수집해 맞춤형 광고를 제공했다. 네이버는 사용자가 네이버 플랫폼 내에서 클릭한 콘텐트, 구매·검색 이력 등 행태 정보를 활용했다. 카카오는 사용자의 서비스 내 방문 기록과 활동 로그, 검색 이력만 수집했다. 이들은 사용자가 다른 웹사이트나 타사 플랫폼에서 활동한 정보를 수집하지 않았기에, 구글·메타와는 다른 기준으로 판단됐다.

📁 기업이 살아남는 방법: 구독을 활용한 개인정보 동의의 중요성

서울행정법원은 개인정보위의 주장을 받아들여, 구글과 메타가 이용자 동의를 명확히 얻지 않았다는 것을 인정했다. 특히, 두 회사가 제공한 동의 과정이 이용자가 내용을 충분히 인지하고 선택할 수 없는 방식으로 구성되어 있었다는 점을 지적했다.

이번 판결은 단순히 과징금 처분의 정당성을 넘어서, 플랫폼 사업자에게 "개인정보를 수집·활용할 때는 명확하고 충분한 동의를 받아야 한다"는 강력한 메시지를 던졌다. 개인정보위는 이번 판결을 통해 대규모 플랫폼 기업이 개인정보 보호의 책임을 더욱 철저히 지게 될 것으로 기대하고 있다.

이 판결은 구독경제와 데이터 기반 비즈니스 모델에도 중요한 시사점을 제공한다. 데이터는 구독경제의 핵심 자원이다. 하지만 데이터를 수집·활용하는 과정에서 투명성과 신뢰를 잃는다면, 플랫폼과 사업의 지속 가능성은 위태로워질 수 있다. 네이버와 카카오가 자사 서비스 내 데이터만 활용해 과징금을 피할 수 있었던 것처럼, 이제는 데이터 활용 범위를 명확히 하고 동의 과정을 투명하게 유지하는 것이 필수다.

우리는 보험 상담 신청만 하면 커피 쿠폰 등을 무료로 준다는 광고를 종종 본다. 2천~4천 원짜리 커피 쿠폰에 제공하는 우리 개인정보는 실제로 얼마 정도의 가치가 있을까? 언론 보도에 따르면 약 7만 원 정도라고 한다. 토스 앱에서 '내 보험'이란 항목을 찾아 들어가보면 '5분 상담 신청하기'라는 항목이 있다. 이 항목은 내가 가입한 보험을 분석해서 필요한 것과 필요하지 않은 것을 구분해주고, 적합한 상품을 안내해주는 서비스다. 그런데 토스는 이 서비스를 이용한 고객 중 일부의 개인정보를 1건당 69,000원을 받고 보험 설계사에게 제공했다고 한다.

이제는
공(0)자 데이터의 시대

📂 공(0)자 데이터의 시대: 3자 데이터의 종말

디지털 광고 시장의 패러다임이 급격히 변하고 있다. 과거 기업들은 사용자의 인터넷 활동을 추적하여 맞춤형 광고를 제공하는 방식으로 막대한 수익을 창출했다. 하지만 이제 애플과 구글이 개인정보 보호 정책을 강화하면서 3자 데이터(Third-Party Cookies) 기반 광고는 사실상 불가능해졌다. 여기에 각국 정부가 강력한 규제를 시행하며, 기업들이 소비자의 데이터를 수집하는 방식도 근본적으로 바뀌고 있다.

이제 기업들은 소비자로부터 직접 데이터를 제공받는 '0자 데이터(Zero-Party Data) 시대'로 나아가야 한다. 우리가 맞이하고 있는 것은 '제로(zero)'의 시대가 아니다. 오히려 비어 있음 속에서 자발적으로 채워지는 '공(空)'의 시대, 필자는 이것을 '공자 데이터'라 부르고자 한다. 공자 데이터는 사용자가 직접 기업에 제공하는 데이터로, 기존의 3자 데이터보다 정확성이 높고 사생활 침해 우려가 적다. 하지만 이를 확보하기 위해서는 소비자의 신뢰를 얻는 것이 필수이며, 이를 위한 가장 효과적인 방법은 구독경제와 커뮤니티 모델을 구축하는 것이다.

과거 디지털 광고 시장에서는 사용자의 인터넷 활동 데이터를 추적하여 광고를 제공하는 것이 가능했다. 예를 들어 사용자가 특정 웹사이트에서 '등산화'를 검색하면, 이후 방문하는 다른 사이트에서도 등산 장비 광고가 자동으로 노출되었다. 이는 기업들이 사용자의 온라인 활동을 추적하는 3자 데이터를 활용했기 때문이었다. 그러나 3자 데이터의 수집은 법적·기술적 규제로 인해 사실상 불가능해졌다.

앞에서 살펴보았듯이 애플은 2021년 iOS에서 IDFA 추적을 차단하며 사용자의 데이터 수집을 제한했다. 구글은 2022년 2월부터 안드로이드와 크롬 브라우저에서 3자 쿠키 지원을 단계적으로 폐지했다. EU는 2022년 메타의 맞춤형 광고 모델을 금지하는 결정을 내렸다. 우리나라는 2025년 1월, 법원이 구글과 메타의 1,000억 원 과징금 취소 소송을 기각하며, 개인정보위의 손을 들어줬다.

이제 기업들은 기존처럼 사용자의 행동을 추적하여 광고를 제공하는 것이 불가능한 시대를 맞이했다. 광고주들은 기존의 타기팅 방식을 유지할 수 없으며, 소비자가 직접 제공하는 공자 데이터만이 유일한 대안으로 떠오르고 있다.

📁 공(0)자 데이터란 무엇인가?

1자 데이터(First-party data)는 기업이 고객과의 직접적인 상호작용을 통해 수집한 데이터로 구매 내역, 회원 가입 시 입력한 정보 등이다. 2자 데이터(Second-party data)는 서로 신뢰할 수 있는 회사끼리 제휴나 협력을 통해 공유하는 데이터로, 예를 들어 항공사와 호텔 간의 고객 데이터 공유 등이 있다. 3자 데이터(Third-party data)는 외부 전문 기관이나 데이터 기업이 별도로 수집하고 판매하는 데이터로, 주로 소비 패턴이 이에 속한다. 공자 데이터는 고객이 설문 조사나 이벤트 참여 등을 통해 자발적으로 제공한 데이터로, 관심사나 선호 브랜드 등 다양한 정보가 있다.

공자 데이터는 소비자가 자발적으로 기업과 공유하는 정보로, 기존의 3자 데이터와는 성격이 완전히 다르다. 소비자가 직접 제공하는 정보이기 때문에, 사용자가 데이터를 공유할지 여부를 스스로 결정할 수 있으며, 제공된 정보의 정확성이 높아 광고 타기팅의 신뢰도를 높이는 데 효과적이다. 또한, 기업이 공자 데이터를 활용하는 과정에서 '개인정보 보호법'을 위반할 가능성이 낮아 법적·윤리적 문제에서 비교적 자유롭다.

그러나 공자 데이터를 확보하는 과정은 쉽지 않다. 소비자로부터 자신의 데이터를 받으려면 소비자와 기업 간의 신뢰가 반드시 전제되어야 하며, 추가로 소비자에게 정보 제공에 상응하는 적절한 보상을 줘야 하기 때문이다. 단순히 데이터를 요청하는 것만으로는 소비자의 자발적인 참여를 기대하기 어렵기 때문에, 기업은 구독 서비스나 커뮤니티 모델을 활용하여 소비자가 데이터를 자연스럽게 공유할 수 있도록 유도해야 한다. 이를 통해 기업은 신뢰를 기반으로 공자 데이터를 확보하고, 보다 정교한 맞춤형 서비스를 제공할 수 있는 환경을 조성할 수 있다.

📁 **구독 모델: 공(0)자 데이터를 확보하는 가장 강력한 방법**

기존에는 대부분의 온라인 서비스가 광고를 보는 대가로 무료로 제공되는 방식이었다. 하지만 이제는 맞춤형 광고 자체가 불가능해지면서, 광고 없는 유료 구독 서비스가 점점 확산되고 있다. 대표적인 사례가 바로 앞서 말했던 메타의 구독 모델 도입이다.

메타는 2023년 유럽에서 광고 없는 유료 구독 서비스를 출시했다. 이용자는 웹에서 월 9.99유로(약 15,000원), 모바일에서는 월 12.99유로(약 19,000원)를 지불해야 광고 없이 서비스를 이용할 수 있다. 구독하지 않는 사용자들은 여전히 맞춤형 광고를 보아야 하지만, 이는 소비자가 개인정보 제공에 동의한 것으로 간주된다.

이처럼 구독 모델은 단순히 광고를 없애는 것이 아니라, 사용자의 신뢰를 바탕으로 공자 데이터를 확보하는 방법이 되고 있다.

📂 커뮤니티: 새로운 데이터의 보고

기업들이 공자 데이터를 확보하는 또 다른 효과적인 방법은 커뮤니티 모델을 활용하는 것이다.

과거에는 기업들이 인터넷 사용자의 행동을 분석하여 특정 관심사를 가진 사람들에게 광고를 노출하는 것이 가능했다. 하지만 이제는 이러한 방식이 불가능해지면서, 기업이 직접 커뮤니티를 운영하거나 특정 커뮤니티와 협력하여 소비자가 자발적으로 정보를 제공할 수 있는 환경을 조성하는 것이 중요해졌다.

이러한 커뮤니티 모델의 가장 큰 장점은 데이터를 보다 자연스럽게 확보할 수 있다는 점이다. 소비자들은 자신의 관심사와 취향을 공유하는 과정에서 데이터를 제공하게 되고, 기업들은 이를 바탕으로 더욱 정교한 서비스를 제공할 수 있다. 또한, 커뮤니티를 활용하면 기업과 소비자 간의 관계가 더욱 공고해지고, 브랜드에 대한 충성도를 높이는 효과를 기대할 수 있다. 소비자들이 브랜드와 지속적으로 소통하면서 신뢰를 형성하게 되면, 기업은 장기적으로 안정적인 고객을 확보할 수 있다.

뿐만 아니라, 커뮤니티 기반 데이터는 맞춤형 서비스 제공에도 유리하다. 기업은 커뮤니티를 통해 소비자의 요구와 필요를 보다 명확하게 파악할 수 있으며, 이를 기반으로 개인화된 서비스를 개발할 수 있다. 단순히 제품을 판매하는 것이 아니라, 소비자의 관심과 라이프 스타일에 맞춘 서비스를 제공함으로써 차별화된 가치를 창출할 수 있다.

공(O)자 데이터와 AI:
구독자의 행동을 예측하는 기술

공자 데이터를 효과적으로 활용하기 위해 기업들은 AI 기술을 적극적으로 도입하고 있다. 기존의 3자 데이터를 활용한 맞춤형 광고가 불가능해지면서, 기업들은 구독자를 유지하고 소비자의 행동을 예측하는 새로운 방안을 찾아야 했다.

AI는 이러한 문제를 해결하는 데 핵심적인 역할을 한다. 기업들은 AI를 활용해 구독자의 행동 패턴을 분석하고, 이탈 가능성이 높은 사용자를 사전에 식별하여 적절한 대응 전략을 마련할 수 있다. 예를 들어 AI는 소비자의 콘텐트 소비 습관, 제품 이용 빈도, 구매 이력 등을 분석하여 이탈률을 예측하고, 적절한 타이밍에 맞춤형 혜택을 제공하는 자동화된 복구 전략을 실행할 수 있다.

또한, AI는 공자 데이터를 기반으로 개인 맞춤형 서비스를 제공하는 데 최적화된 기술이다. 소비자가 직접 제공한 관심사, 선호도, 행동 데이터를 분석하여 개개인에게 최적화된 콘텐트와 상품을 추천할 수 있다. 단순히 과거 데이터를 기반으로 하는 것이 아니라, AI는 실시간 학습을 통해 소비자의 변화를 감지하고, 상황에 맞는 개인화된 경험을 지속적으로 제공할 수 있다.

결국 AI는 단순한 데이터 분석을 넘어 소비자의 니즈를 예측하고, 기업이 보다 정교하게 데이터를 활용할 수 있도록 돕는 핵심 기술로 자리 잡고 있다. 구독 기반 서비스와 커뮤니티 모델을 강화하는 과정에서 AI의 역할은 더욱 중요해질 것이며, 이를 활용하는 기업과 그렇지 않은 기업 간의 격차는 더욱 벌어질 것이다.

📂 공(0)자 데이터 시대의 비즈니스 모델 구독경제

디지털 광고 시장에서 3자 데이터는 사실상 종말을 맞이했다. 이제 기업들이 살아남을 유일한 방법은 소비자가 직접 제공하는 공자 데이터를 활용하는 것이다.

과거에는 사용자의 인터넷 활동을 추적하여 맞춤형 광고를 제공하는 것이 가능했다. 하지만 애플과 구글이 개인정보 보호 정책을 강화하고, 각국의 법적 규제가 강력해지면서 기업들은 더 이상 소비자의 데이터를 무분별하게 수집할 수 없는 환경이 되었다.

이제는 기업들의 공자 데이터 확보 전략에 근본적인 변화가 필요하다. 이를 위해 가장 효과적인 방법이 앞서 말한 구독경제와 커뮤니티 모델을 적극 활용하는 것이다. 구독 모델을 통해 소비자가 신뢰를 바탕으로 자발적으로 데이터를 제공하도록 유도하고, 커뮤니티를 통해 자연스럽게 데이터를 축적할 수 있도록 체계를 구성해야 한다.

여기에 AI 기술을 접목하면 소비자의 행동을 정밀하게 분석하여 최적의 개인화된 경험을 제공할 수 있다. 데이터를 무작정 수집하는 시대는 끝났다. 이제는 소비자에게 가치를 제공하고, 그 대가로 데이터를 얻는 '신뢰 기반 데이터 경제'가 도래했다.

공자 데이터 시대에서 가장 중요한 것은 소비자가 데이터를 제공할 동기를 만들어주는 것이다. 소비자는 자신이 제공한 데이터가 어떻게 활용되는지 명확히 이해하고, 그에 대한 합당한 보상을 기대한다. 결국, 공자 데이터를 기반으로 한 구독경제는 단순한 트렌드가 아니라 기업이 지속 가능한 성장을 위해 반드시 채택해야 할 전략이 되었다.

이제 기업들은 선택의 기로에 서 있다. 3자 데이터가 사라진 지금, 공자 데이터를 어떻게 확보하고 활용할 것인가? 구독경제와 AI를 활용하여 새로운 데이터 패러다임에 적응할 것인가, 아니면 변화에 적응하지 못하고 도태될 것인가?

2025 마케팅 트렌드:
마케팅 예산의 30%는 구독 기반 기업과 나노 인플루언서

2025년에 글로벌 시장조사 기업인 가트너(Gartner)에서 마케팅 예측 (2025년 및 그 이후의 마케팅 전략 및 AI 통합에 대한 6가지 실행 가능한 인사이트)을 발표했다. 가트너는 IT, 마케팅, 공급망 등 다양한 분야의 시장조사와 전략적 인사이트를 제공하는 글로벌 리서치 및 컨설팅 기업으로 유명하다. 가트너는 2019년에 2023년이 되면 서비스의 75%가량이 구독화될 것이라고 발표했었고 그 예상은 사실상 적중했다.

이번 마케팅 예측의 주요 내용 중 하나는 2028년까지 디지털 마케터들이 예산의 30%를 구독 기반 소셜 플랫폼에 할당할 것으로 예상한다는 점이다. 그 이유는 2021년 이후 소비자들의 기존 소셜 미디어 참여도가 낮아지고 있기 때문이다.

이 보고서를 기반으로 2025년 이후 마케팅 전략을 수립할 수 있다. 가트너는 보고서에서 AI의 발전으로 새로운 형태의 콘텐트 소비와 소비자 참여 방식이 확산되고 있기 때문에 기존 소셜 미디어 광고 모델이 점차 한계를 드러내고 있다고 말한다. 이를 기반으로 기업들은 현재와 향후 마케팅 전략에 대해서 고민해볼 필요가 있다.

📁 현재 상황: 기존 소셜 미디어 광고의 한계

그동안 주요 기업들의 마케팅은 페이스북, 인스타그램, X 등 기존 소셜 미디어를 활용한 브랜드 마케팅을 핵심 전략으로 삼아왔다. 그러나 2021년 이후 소비자들의 브랜드 참여도가 지속적으로 감소하는 추세를 보이고 있다. 이는 소비자들이 기존 소셜 미디어에서 단순한 광고보다 더 가치 있는 콘텐트를 찾고자 하기 때문으로 분석된다.

특히 소비자들은 기존 소셜 미디어에서 엔터테인먼트, 제품 영감, 신뢰할 수 있는 추천 정보를 얻는 데 점점 흥미를 잃어가고 있다. 이는 소비자들이 단순히 광고에 노출되는 것이 아닌 보다 깊이 있는 콘텐트를 경험하고 싶어 한다는 것을 말한다.

📁 향후 변화: 구독 기반 소셜 플랫폼과 나노 인플루언서 중심으로

최근 서브스택(Substack), 패트리온(Patreon), 디스코드(Discord)와 같은 구독 기반 소셜 플랫폼이 빠르게 성장하고 있다. 특히, 인기 있는 콘텐트 제작자들이 이러한 플랫폼으로 이동하면서 소비자들도 자연스럽게 그 흐름을 따라가고 있는 추세다.

한국에서도 다음 브런치(Brunch), 카카오 뷰(Kakao View), 네이버 프리미엄콘텐츠와 같은 구독 기반 플랫폼이 생기고 일부 활성화되고 있다. 하지만 우리는 해외와는 다르게 성장에 한계를 보이고 있으며, 카카오 뷰는 2023년에 서비스를 종료하였다. 그럼에도 불구하고 많은 크리에이터들이 이러한 플랫폼을 활용하여 독자들과의 직접적인 연결을 강화하고 있다. 왜냐면 기존의 소셜 미디어보다는 구독 기반 플랫폼에서 브랜드 인지도를 더 높일 수 있고 소비자 참여도 역시 더 확보할 수 있기 때문이다.

또한, 인사이더 인텔리전스는 인스타그램이 앞으로 카다시안과 같은 연예인급 인플루언서보다 팔로워 수가 1,000명~1만 명인 '나노 인플루언서'와 팔로워가 1만~10만 명인 '마이크로 인플루언서' 위주로 피드를 개편할 것으로 예상했다. 팔로워 수가 적은 인플루언서와의 마케팅 파트너십이 급속도로 성장할 것으로 전망한 것이다. 보고서에 따르면, 2022년 나노 인플루언서에 대한 지출은 220% 증가한 반면, 최소 100만 명의 팔로워를 가진 '메가 인플루언서'에 대한 지출은 8% 증가하는 데 그쳤다. 이는 소규모의 팔로워를 지닌 인플루언서들이 보다 저렴한 가격인데 비해 높은 참여율과 반응을 이끌어내기 때문에 나타난 결과로 분석된다.

최근 국내 기업의 인플루언서 마케팅도 나노·마이크로 인플루언서 중심으로 변화하고 있다. 인플루언서는 국내에서도 팔로워 수에 따라 '급'이 나뉜다. 1,000명~1만 명은 나노, 1만~10만 명은 마이크로, 10만~100만 명은 매크로, 100만 명 이상은 메가로 분류한다. 여기서 매크로와 메가 인플루언서는 업계에서 '준 연예인'으로 통한다.

기존에는 대기업이 주로 매크로·메가 인플루언서와 협업했지만, 나노·마이크로 인플루언서의 특징 때문에 점점 이들을 활용하는 사례가 급증하고 있다. 나노·마이크로 인플루언서가 가진 특정 분야에 대한 전문성 그리고 팬덤을 기반한 팔로워와의 유대감 등 덕분에 그들이 매크로·메가 인플루언서와 비교했을 때 팔로워 수는 더 적을지 몰라도 고객의 구매 성사율은 더 높게 이끌어내는 것으로 나타났다. 덕분에 기업은 나노·마이크로 인플루언서를 이용하여 이전보다 명확한 타깃을 대상으로 효과적인 마케팅 전략을 펼칠 수 있게 되었다.

📁 기회 요인: 새로운 마케팅 전략의 필요성

이러한 변화 속에서 기업들은 다음과 같은 전략을 고려해야 한다.

- 기존 소셜 미디어의 도달률(Reach) 및 참여도(Engagement)에 대한 철저한 감사(Audit)를 수행하여 효과를 분석하고, 예산 재배치 전략을 수립해야 한다.
- 기존의 인플루언서 마케팅을 구독 기반 플랫폼으로 확장하여, 보다 충성도 높은 소비자 커뮤니티를 형성할 필요가 있다.
- 구독 기반 소셜 플랫폼 투자 필요성에 대한 내부 공감대를 형성하고, 경영진의 승인을 받아야 한다.

📁 마케팅의 새로운 무대: 구독경제와 크리에이터 이코노미

기존 무료 소셜 미디어(Facebook, Instagram, X 등)의 광고 효율성이 점점 감소하면서, 충성도 높은 소비자 기반을 가진 구독 모델 기반의 플랫폼이 새로운 마케팅 무대로 떠오르고 있다. 이는 단순한 광고 중심의 마케팅이 아닌, '구독경제'와 '크리에이터 이코노미'가 결합된 형태로의 이동을 의미한다.

이제 브랜드는 단순히 광고를 집행하는 것이 아니라, 유료 구독자가 있는 크리에이터와 협업하여 신뢰 기반의 마케팅을 강화해야 한다. 구독 기반 플랫폼에서는 소비자들이 이미 높은 관심과 신뢰를 가지고 콘텐트를 소비하기 때문에, 이를 활용한 브랜디드 콘텐트 전략이 더욱 효과적으로 작용할 것이다.

앞으로 마케팅 예산의 상당 부분이 기존의 전통적인 SNS 광고에서 구독 기반 플랫폼 광고 및 크리에이터 협업으로 이동할 것이다. 이는 브랜드가 단순한 노출보다 깊이 있는 소비자 관계를 구축하는 방향으로 나아가야 한다는 것을 의미한다. 따라서 기업들은 빠르게 변화하는 디지털 환경 속에서 구독 기반 소셜 플랫폼을 적극적으로 활용하는 전략을 수립해야 할 것이다.

SUBSCRIPTION ECONOMY

4장

삼성 vs LG 명운을 건
가전 전쟁의 서막

삼성전자, LG전자 CEO는
왜 CES에서 구독을 이야기했는가?

CES(Consumer Electronic Show) 2025에서 삼성전자와 LG전자 CEO가 나란히 구독 모델을 강조했다. 이는 양사가 미래 비즈니스의 중심을 구독경제로 삼겠다고 공개적으로 선언한 것이다. 두 글로벌 가전사의 수장들은 왜 한목소리로 구독을 외치고 있는 것일까?

📁 가전 판매를 넘어 수익성을 극대화하는 구독경제

구독경제는 전통적인 가전 판매에 비해 훨씬 높은 수익성을 제공한다. 일반 가전의 영업이익률이 3%~5% 수준에 머무는 반면, 구독 사업의 영업이익률은 10%를 상회 하는 것으로 추정되고 있다.

또 구독 사업은 시즌별 할인 경쟁이나 대규모 판촉 행사에 얽매이지 않아도 되는 장점이 있다. 대신 사후 관리, 소모품 교체, 업그레이드 옵션 등을 통해 꾸준한 추가 수익을 창출할 수 있다.

구독 모델은 고가 제품의 진입 장벽을 낮추는 데도 효과적이다. 더 많은 소비자들이 프리미엄 제품을 경험할 수 있게 되면서, 단순한 판매를 넘어 지속적인 매출 확대를 유도한다. 소비자가 구독을 통해 고품질 제품과 서비스를 경험하면, 이는 브랜드 충성도로도 이어진다. 기업 입장에서는 안정적인 수익 기반을 확보할 수 있는 셈이다.

가격 경쟁에서 경험 중심으로: 패러다임의 전환

구독 사업은 단순히 제품을 판매하는 데 그치지 않는다. 제품과 서비스를 결합함으로써 전통적인 가격 경쟁에서 벗어나 고객 중심의 경험을 제공하며 사업의 패러다임을 완전히 바꿔놓고 있다.

초기 구매 부담을 낮추고, 사용 기간 동안 무상 서비스를 제공하는 구독 모델은 소비자에게는 합리적이고 매력적인 선택지로 다가온다. 동시에 기업은 고객의 생활 패턴을 데이터로 분석해 맞춤형 서비스를 제공하며 충성도를 강화한다.

가전산업의 미래: 구독이라는 게임 체인저

구독 모델은 단순히 수익을 높이는 수단을 넘어, 가전산업 전체의 경쟁 방식을 새롭게 정의하고 있다. 삼성전자와 LG전자가 구독 모델을 미래 전략으로 삼은 이유는 명확하다. 이는 단순히 더 많은 가전을 파는 것이 아니라, 소비자의 일상을 장기적으로 '함께'하며 새로운 가치를 창출하겠다는 선언이다.

결국, CES 2025에서 드러난 이 선언은 가전산업의 경계를 넘어, 글로벌 경제의 중심축이 소비와 소유를 넘어선 경험과 지속 가능성으로 옮겨가고 있다는 것을 상징적으로 보여준다.

LG전자:
스마트폰 대신 구독경제를 택하다

2021년 LG전자는 스마트폰 사업에서 철수했다. 1995년 휴대폰 사업을 시작한 지 무려 26년 만에 휴대폰 사업을 접은 것이다. 2000년 모바일 브랜드 '싸이언(CYON)'을 론칭했을 때는 삼성전자와 국내 휴대폰 시장을 양분하는 주요 기업으로 성장했었다. 대표적인 제품이 2005년 11월 출시된 '초콜릿폰'이다. 초콜릿 모양을 닮은 긴 막대형 디자인은 당시엔 '혁신적이다', '고급스럽다' 등의 호평과 함께 인기를 누렸다.

판매 실적도 고공행진을 이어갔었다. 2005년 4분기 당시 LG전자 MC사업본부 영업이익은 2,174억 원을 돌파했다. 이런 LG전자 휴대폰 사업의 전성기는 2010년이다. LG전자는 2010년 3분기의 판매량이 2,800만 대를 돌파하며 노키아, 삼성전자에 이어 세계 휴대폰 시장 3위까지 치고 올라갔다. 그런 LG전자 휴대폰 사업의 운명을 가른 것은 스마트폰의 등장이었다. 2007년 애플의 아이폰이 등장하며 피처폰 일색이던 휴대폰 시장은 대격변을 맞이했다.

LG전자, 삼성전자, 노키아 등 피처폰업계는 선택의 기로에 내몰렸다.

LG전자는 스마트폰 열풍이 '찻잔 속의 태풍'이라고 판단해 피처폰 시장에 남는 결정을 내렸다. 2010년 삼성전자가 안드로이드 운영체제를 탑재한 '갤럭시S'를 내놓으며 스마트폰 체제로 탈바꿈한 반면, LG전자는 프리미엄 피처폰을 표방한 'MAXX', '프라다폰2' 등을 내놓았다.

그때부터 양사의 점유율과 경쟁력 격차가 점점 벌어지기 시작했다. LG전자는 뒤늦게 '옵티머스Q'를 출시하며 스마트폰 시장에 들어왔지만, 이미 진영은 애플이 독점하는 iOS 시장과 일찍이 안드로이드 운영체제를 탑재해 시장을 선점한 삼성전자로 양분돼 있었다. 결국 2015년 2분기부터 LG전자는 적자의 늪에 빠졌고 결국 스마트폰 시장에서 철수해야 했다.

📁 2009년 렌털 시장 진출, 10년 후 구독경제 비즈니스 모델

스마트폰에서 고배를 마신 이후 LG전자가 새로운 시대의 생존 방정식을 쓰고 있다. 전통적인 전자 제품 제조사로서의 위기를 인지한 LG전자는 구독경제를 새로운 돌파구로 선택하며, 단순 판매에서 벗어나 지속 가능한 수익 모델을 구축하고 있다. 구독경제는 가전업계의 저성장·저수익성 구조를 탈피하기 위한 '묘수'로 떠오르며 LG전자의 핵심 전략이 되고 있다.

LG전자는 2009년 정수기 렌털 사업을 시작하였고, 그 이후에 정수기, 비데 등 소형 가전 위주의 렌털을 해왔다. 특히 지난 2022년 대형 가전까지 구독 범위를 확장해 2024년 7월, 총 21가지 제품으로 300개 이상의 구독 모델을 제공하고 있다. LG전자는 스마트폰의 부진을 상쇄할 비즈니스 모델로 가전 구독을 2019년부터 고민해왔을 것이라고 조심스레 추측해본다.

📂 구독이 이끄는 LG전자의 실적

LG전자의 구독경제 매출은 매년 급성장하고 있다. 2022년 8,500억 원에서 2023년 1조1,341억 원, 2024년에는 2조 원에 육박하며 LG전자의 새로운 성장 동력으로 자리 잡았다. 이는 당초 목표치였던 1조8,000억 원을 훌쩍 넘긴 성과다. 메리츠증권에 따르면, 2024년 LG전자 연간 영업이익의 약 14%가 구독 서비스에서 발생한 것으로 추정된다.

구독 사업은 LG전자가 제품 판매 이후에도 고객과 지속적으로 연결되며 추가적인 서비스 수익을 만들어낼 수 있는 모델이다. 고객은 사용 기간 동안 최적화된 케어 서비스를 받을 수 있고, LG전자는 이를 통해 신뢰와 충성도를 확보하며 안정적인 수익 기반을 구축하고 있다.

📂 구독경제의 확장: 아시아에서 세계로

LG전자는 구독경제의 성공적인 확장을 위해 해외 시장 진출을 본격화하고 있다. 말레이시아와 대만에서 겪은 성공 경험을 바탕으로 인도, 싱가포르, 홍콩 등으로 범위를 확대하며 글로벌 시장을 적극 공략하고 있다. 특히, 방문 케어 서비스의 전문성을 강화하고 판매 채널을 다변화하며 경쟁 우위를 공고히 하는 중이다.

📂 2030 미래 비전: 구독 사업의 비전과 도약

LG전자는 구독경제를 단순히 하나의 사업 모델로 보지 않는다. 조

주완 CEO는 2025년 1월 CES 기자간담회에서 "구독 사업을 2030년까지 3배 이상 성장시키고, B2B 사업 매출 비중을 45%까지 확대하겠다"는 포부를 밝혔다. 그는 구독 사업이 LG전자의 미래 성장을 이끌어갈 핵심 축이라는 것을 강조했다. 구독경제로 지속 가능한 성장 전략을 구체화하고 있는 것이다.

LG전자의 2030 미래 비전은 단순히 가전에 머무르지 않고, 모빌리티와 상업용 공간 등으로 확장하는 것이다. 나아가 LG전자를 스마트 라이프 설루션 기업으로 변모시키는 것을 목표로 한다. 이러한 비전 아래, LG전자는 기존 고객 데이터를 기반으로 새로운 시장 요구를 충족시키고, 플랫폼 중심의 서비스 사업을 강화하며 전사 역량을 결집하고 있다.

📁 구독경제로 바라보는 LG전자의 미래

LG전자는 구독경제를 통해 전통적인 가전 제조사의 틀을 넘어 지속 가능한 서비스 기업으로의 전환을 가속화하고 있다. 가전 중심의 기존 사업 모델을 넘어 새로운 성장 동력을 발굴하고, AI와 플랫폼 기반 서비스를 결합한 맞춤형 경험을 제공하며 글로벌 리더십을 강화하고 있다.

구독경제는 LG전자가 제시하는 미래 전략의 핵심이다. 고객의 생활에 깊이 스며드는 제품과 서비스를 통해 LG전자는 전통적인 제조업의 한계를 극복하고 있다. 2030년까지 구독 사업 매출을 3배 이상 성장시키겠다는 비전은 단순한 목표가 아닌, LG전자의 미래를 향한 약속이다. 이는 구독경제라는 새로운 항해를 통해 LG전자가 글로벌 전자업계의 지도를 다시 그려갈 것임을 예고한다.

카드깡에서 구독깡의 시대:

거래되는 신용, 사라지는 미래

신용은 원래 미래의 소비를 앞당기기 위한 수단이었다. 신용카드는 당장 가진 현금이 없어도 물건을 살 수 있게 해주었고, 렌털이나 할부는 고가 제품에 대한 접근성을 높였다. 하지만 이제 신용은 물건을 사기 위한 도구가 아니라, 현금을 만들기 위한 수단으로 점점 악용되고 있다.

'카드깡'은 그 대표적인 사례다. 신용카드로 물건을 산 뒤, 그것을 되팔아 현금을 만드는 방식이다. 기술이 발전하고 시대는 달라졌지만, 그 구조에는 크게 변화가 없어 보인다.

이제는 카드 대신 구독 서비스가 그 자리를 대신한다. 그리고 나는 이 현상을 '구독깡'이라 부르기로 했다.

📁 구독이라는 이름의 신용거래

넷플릭스, 왓챠, 티빙, 밀리의 서재, 웨이브 등은 이른바 '구독경제'의 대표 주자들이다. 누구나 쉽게 가입할 수 있고, 월 몇천 원이면 양질의 콘텐츠를 무제한으로 이용할 수 있다. 이 서비스들의 공통점은 무엇일까? 바로 '선결제'다. 상당수는 미리 돈을 지불한다. 반대로, 기업이 먼저 제품과 서비스를 제공하고 나중에 구독료을 받는 경우도 있다. 대표적인 예가 가전 구독이다. 결국 구독경제는 선불이든 후불이든 신뢰를 기반으로 작동하는 구조다.

그리고 이 지점을 악용한 것이 바로 '구독깡'이다. 예를 들어 이런 일이 있을 수도 있다. SNS 등을 통해 모집된 이들은 다수의 구독 서비스를 본인 명의로 개통하고, 계정을 타인에게 되판다. '6개월 1만 원', '1년 2만 원' 식의 저가 계정들이 중고 거래 플랫폼에서 거래된다. 정가는 10만 원 가까이 되지만, 실제 판매가는 10%~20% 수준에 불과하다. 그중 발생한 차익은 중고 거래 판매자에게 돌아간다.

하지만 이런 방식은 지속될 수 없다. 구독료가 연체되면 서비스가 정지되고, 연체는 명의자의 신용 점수를 무너뜨린다. 구독 계정을 구매해서 사용한 사람 역시 돈을 내고도 서비스를 사용하지 못하는 피해를 보게 된다. 지금은 벌어지지 않은 일이거나 지나친 우려라고 생각할 수 있다. 하지만 지금 그 우려가 실제로 일어나고 있다.

📁 실물로 번진 구독깡, 가전 구독을 위협하다

실제 사례도 있다. 최근 우리나라 대기업들은 앞다투어 가전 구독 서비스를 제공하고 있다. 그런데 냉장고, 대형TV, 안마의자, 공기청정기, 청소기 같은 고가 제품들을 월 구독 방식으로 개통하고, 이를 중고로 파는 경우가 생기고 있다.

가전 구독 서비스는 본래 장기 이용자를 위한 것이었지만, 이를 악용하는 사람들은 구독을 일회성 현금화 수단으로 사용했다. 예를 들어 대형 가전을 200만 원에 되판 뒤, 36개월 치 구독료를 내지 않는 것이다. 채무는 결국 명의자의 몫이 되고, 구독 서비스 기업은 자산 회수도 어렵고 이미지도 손상된다.

특히 최근에는 불법 대부업자가 구독의 허술한 검증 절차를 이용해 급전이 필요한 청년을 꾀어 구독 계약을 체결하게 한 뒤, 제품을 제3의 장소로 배송받아 전량 판매해 수익을 챙기는 사례까지 언론에 보도되었다. 직업도, 수입도 없는 20세 청년이 수천만 원어치 가전제품을 구독하는데도 그 누구도 의문을 제기하지 않았다. 청년은 피해자가 아니라 공범이라는 사회적 비난이 있을 뿐이다.

📁 구독경제, 플랫폼의 허점 그리고 사회의 무관심

이런 일이 어떻게 가능할까? 기업이 플랫폼을 빠르게 확장하기 위해 가입자 수에만 집중하고 그에 비해 사용자 검증과 구조적 악용 가능성에 대한 대비는 부족했기 때문에 일어난 일이다. 대부분의 구독 서비스역시 구독자가 실사용자인지, 중고로 계정이 거래되는지를 감시하는 시스템은 거의 없다.

중고 거래 플랫폼도 마찬가지다. 계정 공유는 사용자들 사이에서 '편법' 정도로 인식될 뿐, 심각한 사회적 문제로 보지도 않는다. '카드깡, 스마트폰깡, 구독깡' 이 모든 현상의 공통점은 개인의 '신용'이 더 이상 금융기관만이 아닌, 누구나 거래할 수 있는 자산이 되었다는 것이다. 신용이 상품화되고 있다는 분석은 많지만, 그 상품화가 단순한 소비자 선택이 아닌, 구조적 설계에 의해 유도되고 있다는 점은 자주 간과된다.

심지어 20대 청년들 사이에선 신용 점수를 '캐시화할 수 있는 능력' 정도로 받아들이는 경우도 있다. 이건 단순한 금융 문해력의 문제가 아니다. 구독 및 플랫폼 중심 경제 구조가 신용의 가치라는 사회적 신뢰를 무너트리고 있는 것이다.

향후엔 생각지도 못한 여러 깡들이 나올 것이다. 더 정교하고 파편화된 형태의 '신용 현금화'가 늘어날 가능성이 높다. 문제는 이 흐름이 대부분 청년이나 경제적 약자 등 제도권 밖에서 조용하고 은밀히 진행된다는 점이다.

지금 우리는 신용이라는 기반 위에 세워진 플랫폼 경제가 '약속과 신뢰'가 아니라 '현금화 기술'의 놀이터가 되고 있는 현실과 마주하고 있다.

> "신용이 팔리면, 신뢰는 비용이 된다.
> 그 비용은 소리 없이 약자에게 청구된다.
> 그리고 언젠가, 우리 모두에게 청구된다."

삼성전자:
하드웨어와 소프트웨어가 결합한 하이브리드 구독

📂 AI 구독 이전에 하이브리드 구독에 진출한 삼성전자

2010년대부터 글로벌 가전업계에서는 하드웨어와 소프트웨어를 결합한 하이브리드 구독 모델이 주목받기 시작했다. 삼성전자는 2021년 멀티 조리 기기 '비스포크 큐커'를 출시하며 이 흐름에 본격적으로 뛰어들었다. 2023년에는 이를 단순한 제품군을 넘어 '스마트 구독 가전' 브랜드로 확장하며 새로운 시장 전략을 제시했다.

📂 하드웨어와 소프트웨어의 통합으로 확장된 브랜드 전략

비스포크 큐커는 단순한 멀티 조리 기기가 아니다. 삼성전자는 이 제품을 중심으로 다양한 식품 제조업체들과 협력하여 기기에 최적화된 식품을 정기적으로 제공하는 구독 서비스를 운영했다. 이러한 파트너십은 고객이 조리 과정의 번거로움을 줄이고, 더 건강하고 간편하게 요리할 수 있도록 돕는다. 출시 2년 만에 비스포크 큐커 관련 식품의 협력사는 8개에서 17개로 두 배 이상 증가했으며, 판매량은 20만 대를 돌파했다.

2023년 삼성전자는 비스포크 큐커를 포함한 다양한 제품군을 하나의 통합 브랜드로 키우는 전략을 발표했다. 이는 단순히 개별 제품의 판매를 넘어, 구독 기반의 플랫폼 비즈니스를 통해 지속적인 고객 접점을 유지하겠다는 의지를 담고 있다. 삼성은 이를 통해 하드웨어와 소프트웨어를 아우르는 영향력을 더욱 강화하려 하고 있다.

예를 들어 삼성은 스마트싱스(SmartThings)를 기반으로 한 레시피 자동 추천 및 전송 서비스를 함께 제공하여 비스포크 큐커 사용자들이 더 개인화된 경험을 누릴 수 있도록 설계했다. 사용자는 앱을 통해 자신에게 맞는 식단과 요리 옵션을 추천받고, 기기에 연결된 식재료 구독 서비스를 통해 필요한 재료를 손쉽게 주문할 수 있다. 이는 하드웨어를 플랫폼으로 확장하는 삼성의 전략을 명확히 보여준다.

삼성전자의 비스포크 큐커 전략은 단순한 제품 판매를 넘어선 글로벌 가전업계의 흐름을 잘 반영하고 있다. 이는 파나소닉에서 2019년에 출시한 스마트 커피 로스팅 기계 '더 로스트(The Roast)'와도 유사하다. 고객에게는 지속되는 편리함과 가치 있는 경험을 제공하고, 기업은 반복적인 수익 모델을 창출하며 고객과 장기적인 관계를 유지한다는 점이 서로 비슷하다고 할 수 있다.

또한 삼성의 행보는 필립스의 조명 구독 서비스나 펠로톤의 피트니스 모델과도 궤를 같이한다. 그러나 삼성은 이를 '주방'이라는 일상적이고 필수적인 영역에서 구현하며, 구독 가전의 새로운 가능성을 보여주는 듯하였다.

📁 구독 가전의 미래: 문 앞에서 머뭇거리다

삼성전자가 비스포크 큐커를 통해 보여준 전략은 구독 가전이 하드웨어 판매를 넘어, 소비자의 삶과 지속적으로 연결되는 방식으로 진화할 수 있다는 것을 시사한다. 구독 서비스를 중심으로 브랜드를 확장하고, 이를 통해 플랫폼 기반의 새로운 가치를 창출하려는 삼성의 노력은 가전 업계의 미래를 정의하는 좋은 사례가 될 뻔했다. 하지만 어떤 이유에서인지 삼성전자는 그 이후 사업을 더 키우거나 혁신하지 않았다.

2022년 LG전자가 본격적으로 구독 시장에 참전하고 나서도, 삼성전자는 비스포크 큐커라는 혁신적인 구독 모델을 사실상 방치해둔다. 그 후 삼성전자 반도체 위기론이 고조에 다다른 2024년의 마지막 달, 삼성전자는 서둘러 구독 전쟁의 참전을 알린다.

📁 삼성전자 'AI 구독클럽' 출시, 1년 만에 매출 1조 원 예상

2024년 12월 1일 삼성전자가 선보인 'AI 구독클럽'은 단순한 가전 구독 서비스를 넘어, 소비자와 AI 기술을 연결하는 새로운 구독 모델을 제시하고 있다. 출시 3주 만에 삼성스토어에서 가전을 구매한 고객 10명 중 3명이 이 서비스를 선택하며, 구독경제의 가능성과 AI 가전의 대중화를 동시에 증명해 보였다.

'AI 구독클럽'의 가장 큰 변화는 소비자가 초기 비용 부담 없이 고성능 AI 가전을 손쉽게 사용할 수 있게 한 점이다. TV, 냉장고, 세탁기, 청소기 등 주요 가전제품군의 90% 이상이 AI 기반으로 구성된 것은 삼성이 단순히 '제품을 판매하는 기업'에서 'AI 설루션 제공자'로 진화하려는 의지를 보여준다.

'AI 구독클럽' 덕분에 프리미엄 TV 구매자가 출시 초기 대비 2배 이상 늘었다고 한다. 특히 2025년 2월 한 달간 Neo QLED·OLED 구매 고객의 절반이 AI 구독클럽을 선택했고, 이로 인해 2024년 12월~2025년 2월의 Neo QLED·OLED 판매량은 전년 동기 대비 10% 이상 증가했다. 삼성전자는 AI 구독클럽의 초기 비용 부담 완화와 최대 5년간 무상 수리 서비스가 인기의 주요 요인으로 분석했다.

전자업계에 따르면 2025년 1월~2월 삼성전자 'AI 구독클럽'의 매출이 누적 2,000억 원을 넘어섰으며, 2025년 말까지 매출 1조 원을 무난히 달성할 것으로 전망하고 있다.

삼성전자는 소비자들의 일상 속 AI 경험을 확산시키는 데 집중하고 있다. 특히, 김장철 수요에 맞춘 냉장고(17%)와 김치냉장고(15%)의 판매 비중이 높았는데, 이런 점은 구독 서비스를 소비자 라이프 스타일에 밀접하게 연결한 전략이 유효했다는 것을 보여준다. 이 같은 전환은 가전의 사용 중심 경제를 가속화하고 소비자와 기업 모두에게 장기적인 가치를 제공하고 있다.

📁 AI 기술로 강화된 서비스: 단순 구독을 넘어선 경험 제공

삼성전자의 구독 모델은 단순히 제품을 대여하는 것을 넘어 소비자의 사용 경험을 극대화하는 데 중점을 두고 있다. 이를 위해 제공되는 '올인원 요금제'와 '스마트 요금제'는 다양한 소비자 니즈를 충족시키는 맞춤형 옵션을 제공한다.

올인원 요금제는 제품 구독뿐만 아니라, 무상 수리 서비스, 방문 케어, 셀프 케어 등 종합적인 관리 서비스를 포함해 소비자들이 걱정 없이 제품을 사용할 수 있도록 돕는다.

스마트 요금제는 소비자가 원하는 서비스만 선택할 수 있는 자유로운 구조로, 기존 제품 보유자도 필요한 관리 서비스를 선택적으로 구독할 수 있다.

또한, 스마트싱스를 통해 사용 패턴 분석, 에너지 소비량 리포트, 원격 기기 진단 등을 제공하여 단순 구독을 넘어선 차별화된 AI 기반 관리 경험을 선사한다. 소비자들은 매달 제공되는 월간 리포트를 통해 자신의 제품을 더 효율적으로 사용할 수 있고, 엔지니어의 방문 없이도 기기를 진단하고 관리할 수 있는 편리함을 누릴 수 있다.

📁 소비자 연결을 강화하는 제휴 혜택과 생태계 확장

삼성전자는 구독 고객에게 실질적인 가치를 제공하기 위해 다양한 제휴 혜택도 마련했다. 신라면세점, 에버랜드, CJ제일제당, 밀리의 서재 등 여러 파트너사와의 협력을 통해 구독료 절감과 함께 여행, 식품, 문화 콘텐트 등 실생활에 유용한 혜택을 제공한다. 이러한 제휴는 단순한 가전 사용 경험을 넘어, 소비자의 라이프 스타일 전반을 지원하는 전략으로 보인다.

📁 모바일 구독 서비스로 AI 구독 생태계 확장

삼성전자는 CES 2025에서 갤럭시 구독 서비스, 즉 모바일 구독 서비스 출시를 공식화하며 AI 중심의 구독경제 전략을 더욱 확대하고 있다. 이는 지난해 12월 AI 가전을 앞세운 'AI 구독클럽'을 성공적으로 론칭한 이후 불과 한 달 만에 나온 전략이다. 이는 삼성전자가 구독 비즈니스 모델에 본격적으로 속도를 내고 있다는 것을 보여준다. 예고했던 AI 기반의 'AI 에이전트' 볼리(Ballie)를 구독 서비스 모델로 포함할 가능성을 검토하고 있다고 말하기도 했다.

볼리는 AI 기술을 활용한 스마트 디바이스로, CES 2025 기간 동안 큰 관심을 받았다. 삼성전자 관계자는 볼리가 한국과 미국에서 출시 예정이며, 현재 적정한 가격을 검토 중이라고 밝혔다. 볼리는 AI 기술을 활용해 사용자의 일상을 지원하는 'AI 집사' 역할을 맡을 것으로 기대된다.

📁 로봇 사업과 구독경제의 연결: AI와 로봇의 미래

삼성전자의 로봇 사업도 구독경제와 연계될 가능성이 있다. CES 2025에서 故 한종희 부회장은 삼성의 로봇 사업 방향성을 제조, 리테일, 주방(키친)으로 제시하며, 이러한 축적된 기술이 궁극적으로 휴머노이드 로봇 개발로 이어질 것이라고 언급했다. 그는 특히 레인보우로보틱스의 콜옵션 행사와 별도의 로봇 추진 사업단 신설이 앞서 언급한 목표를 가속화할 것이라고 강조하며 "로봇이 AI를 만나면 새로운 혁신이 일어날 것"이라고 말했다.

이번 CES 2025에서 삼성전자는 신제품 전시 대신 '연결 경험'을 중심으로 한 차별화 전략을 내세웠다. 삼성전자의 포트폴리오는 가전, 모바일, TV, 전장 등 다양한 제품군으로 구성되어 있다. 이를 통해 삼성전자는 소비자들에게 통합된 연결 경험을 제공할 수 있다.

특히, 스마트싱스를 활용한 연결 경험은 삼성전자가 전 세계적으로 독보적인 강점을 가진 분야일 수 있다. 이러한 연결 전략은 AI 구독 서비스와 로봇 기술의 통합을 통해 더욱 강력해질 전망이다.

📂 삼성전자의 비즈니스 모델: 핵심은 모바일 및 AI 구독 서비스

대학생 전성민 씨는 매년 새로 나오는 최신 삼성 갤럭시폰을 사고 싶었지만, 백만 원 이상의 초기 비용이 부담스러웠다. 그러나 삼성의 모바일 구독 서비스를 이용한 후 매달 3만~5만 원을 지불하며 최신 스마트폰을 사용할 수 있게 되었고, 스마트폰 보험을 통해 파손 부담도 줄었다. 추가로 삼성의 AI 집사 볼리를 사용할 수 있을 뿐만 아니라 삼성의 다른 제품들과 연계해 다양한 혜택을 누릴 수 있어 상당히 만족하고 있다.

이는 삼성전자가 향후 출시할 모바일 구독 서비스에 대한 기대를 반영한 가상 시나리오다. 삼성전자는 2025년 1월 갤럭시S25 자급제 모델을 대상으로 '뉴 갤럭시 AI 구독클럽'을 시작했다. 월 5,900원의 구독료로 스마트폰 반납 시 정가의 최대 50% 보장, 파손 보상 및 수리비 할인 등 다양한 혜택을 제공한다. 12개월 이후 반납하면 재구매 여부와 상관없이 삼성닷컴 판매가의 50%를 현금으로 돌려준다. 제품 상태에 따른 보상 금액을 차등 없이 동일한 보상 금액으로 보장하는 것이 특징이다. 이는 기존 할부 판매 방식에서 유지 보수 서비스까지 결합한 새로운 구독 모델로, 모바일 기기의 유통 패러다임을 변화시킬 중요한 시도로 평가된다.

모바일 구독 서비스에 이어 2025년 2월에는 'AI 구독클럽'의 범위를

PC와 태블릿으로 확장했다. 이를 통해 AI PC 및 태블릿을 추가로 구독할 수 있게 됐다. 'AI 구독클럽'은 'AI 올인원', 'AI 스마트' 두 가지 요금제로 제공된다. AI 올인원 요금제는 48개월 구독 상품으로, 40 TOPS 이상의 성능을 갖춘 코파일럿 PC 16개 제품을 대상으로 한다. AI 스마트 요금제는 24개월 상품으로, 원하는 케어 서비스를 선택할 수 있으며 총 51개 제품을 이용할 수 있다. 태블릿 구독 서비스는 AI 올인원(36개월), AI 스마트(24개월)로 제공되며, 각각 28개, 60개 제품이 포함된다. 모든 요금제에는 파손 보상 및 무상 수리 서비스가 포함된다.

삼성전자는 AI와 구독경제를 결합한 비즈니스 모델을 통해 가전뿐만 아니라 모바일, 로봇 등으로 생태계를 확장하고 있다. 특히, AI 구독클럽의 성공적인 출발과 CES 2025에서 발표된 모바일 구독 서비스 계획은 삼성전자가 소비자와의 장기적인 연결성을 강화하고, AI 중심의 혁신적인 생태계를 구축하려는 의지를 보여준다. 삼성전자는 구독경제의 미래를 주도하며, AI 기술과 로봇 기술을 결합한 혁신적인 플랫폼을 구축해나가고 있다. 'AI=삼성'이라는 브랜드 이미지를 더욱 공고히 하며, 소비자와 산업 전반에 제공할 새로운 가치를 준비하고 있는 것이다.

모바일에 이어 PC와 태블릿까지 구독 서비스로 확장한 것은 삼성전자에게 여러 가지 전략적 이점을 제공한다. 우선 소비자 입장에서는 초기 비용 부담 없이 AI PC와 태블릿을 사용할 수 있어 접근성이 높아진다. 또한, 구독 모델을 통해 지속적인 소프트웨어 및 하드웨어 관리를 받을 수 있어 제품의 수명 연장과 유지 보수 측면에서도 유리하다.

기업 입장에서 보면, 구독 기반의 비즈니스 모델은 단순한 일회성 제품 판매보다 장기적인 고객 관계를 형성하는 데 유리하다. 고객이 구독을 유지하는 한 지속적인 수익이 보장되며, 삼성의 생태계 내에서 다른 AI 서비스 및 제품과의 연계 소비를 유도할 수도 있다. 특히 AI 기능이 강화된 PC와 태블릿은 스마트폰과 함께 사용될 가능성이 높아, 삼성의 AI 구독클럽이 전체 디지털 라이프 스타일을 포괄하는 서비스로 성장할 기반을 마련했다.

그러나 단점도 존재한다. 우선 소비자들은 월 구독료를 부담할 때 기존 일시불 구매 대비 장기적으로 더 많은 비용이 발생할 수 있어 그만큼 거부감을 가질 수 있다. 또한, 제품을 직접 소유하는 것이 아니라 일정 기간이 지나면 반납해야 한다는 점 역시 일부 소비자들에게는 불편함으로 작용할 수 있다. 기업 입장에서는 제품 파손 및 유지 보수 비용을 고려하여 수익성을 유지하기 위한 정밀한 운영 전략이 필요할 것이다.

향후 삼성전자의 AI 구독 서비스는 더욱 확장될 가능성이 높다. 현재는 모바일, PC, 태블릿 중심이지만, AI 기술이 접목된 가전제품, 웨어러블 기기 그리고 로봇 제품군까지 확대될 수 있다. 장기적으로는 삼성전자가 AI 구독 모델을 기반으로 하나의 거대한 '삼성 AI 생태계'를 구축하는 방향으로 나아갈 가능성이 크다.

이제 삼성전자의 구독 서비스는 단순한 제품 대여를 넘어, AI를 중심으로 한 스마트 라이프 스타일을 구축하는 중요한 전략적 도구로 자리 잡고 있다. 앞으로 삼성전자가 AI 구독 모델을 어떻게 발전시키고, 이를 통해 글로벌 시장에서 어떤 경쟁력을 확보할지 고민이 필요한 시기다.

📁 가전 구독화 중고 시장과 새로운 비즈니스 기회

구독이 끝난 제품은 중고 시장에서 재판매할 수 있으며, 이를 활용한 다양한 비즈니스 모델이 가능하다. 삼성전자나 LG전자가 자체 인증한 중고 가전을 판매하면 중고 제품에 대한 신뢰도가 높아지고, 기업은 새 시장을 창출할 수 있다. 나아가 기존보다 저렴한 중고 구독 서비스를 제공할 수도 있다. 실제로 기아차는 중고차를 구독 서비스로 제공하며, 새 차보다 저렴한 가격으로 소비자들의 접근성을 높이는 전략을 펼치고 있다.

이러한 움직임은 ESG(환경·사회·지배구조) 측면에서도 긍정적이다. 구독을 통해 제품의 수명을 연장하고, 중고 시장을 활성화하여 자원 낭비를 줄이는 효과를 기대할 수 있다. 이는 기업 이미지 제고뿐만 아니라 지속가능성을 고려한 비즈니스 모델로 자리 잡을 수 있다.

이러한 장점 덕분에 글로벌 기업들은 앞다투어 구독 모델을 도입하고 있다. 예를 들어, 삼성전자는 '갤럭시 패스(Galaxy Pass)'를 통해 삼성 녹스(보안 기능), 프리미엄 VPN, 클라우드 스토리지 등의 서비스를 번들링(Bundling, 여러 제품이나 서비스를 하나로 묶어 판매하는 전략)하여 제공할 가능성이 있다. 또한, AI 기반 실시간 번역, AI 사진 편집 기능을 포함한 '갤럭시 AI(Galaxy AI) & 스마트 어시스턴트' 모델을 구독형으로 출시할 수도 있다. 삼성뿐만 아니라, 다양한 IT·가전 기업들이 하드웨어 판매에만 의존하지 않고 소프트웨어 및 플랫폼과 결합된 구독 모델을 구축하고 있다. 삼성 TV+, 게임 패스, 프리미엄 One UI 같은 서비스도 구독 방식으로 제공되면, 기존 제품 판매 이상의 부가 수익을 창출할 수 있다.

결국 가전제품의 구독화는 기업에는 가격 경쟁을 피하면서 안정적인 수익을 창출하는 기회를, 소비자에게는 프리미엄 제품을 부담 없이 경험할 수 있는 기회를 제공한다. 앞으로 기업들은 단순한 제품 판매를 넘어, 구독과 재사용을 기반으로 한 새로운 수익 모델을 더욱 적극적으로 도입할 것으로 예상된다.

삼성전자의 모바일 구독 서비스는 공개적인 측면에서 보더라도 10년 가까이 애플보다 늦다. 앞에서도 언급했지만 2016년 10월 골드만삭스의 리서치 애널리스트 시모나 잔코스키는 경제 정보 제공 주간지 블룸버그(Bloomberg)에 출연하여 아마존 프라임과 비슷한 애플 프라임이라는 월정액 구독 서비스 사업을 애플에 제안한다. 이 구독 서비스는 아이폰 업그레이드, 애플 TV, 애플 뮤직 등 애플의 다양한 서비스를 한데 묶어 소비자들에게 제공하는 시스템이었다.

국제 금융 시장을 주도하는 대표적인 투자은행 겸 증권회사인 골드만삭스가 애플에 공개적으로 제안할 정도면 이미 2016년부터 구독경제는 주류 경제 트렌드로 자리 잡고 있었다고 할 수 있다. 이때부터 애플은 서비스 제공회사로의 진화를 모색하고 있던 것이다.

필자는 2016년 말부터 간판 상품인 아이폰의 판매가 정체되면서 성장의 위기에 빠진 애플은 결국 구독 서비스를 제공하는 회사로 진화할 것이라고 주변에 말하곤 했다. 그 후에 애플의 모바일 구독 서비스 출시에 대해서 우리 산업계도 대비해야 한다는 칼럼을 지속적으로 써왔다.

2022년, 애플이 스마트폰과 태블릿을 포함한 하드웨어 제품에 대해 소프트웨어와 결합한 새로운 형태의 구독 서비스를 준비 중이라는 소식이 전해졌다. 이는 소비자가 매달 일정 금액을 지불하며 아이폰이나 아이패드 같은 최신 디바이스를 사용할 수 있도록 하는 비즈니스 모델이다. 블룸버그의 보도에 따르면, 애플은 이미 자사의 대표적인 구독 서비스인 애플 뮤직과 아이클라우드처럼 하드웨어 구독 모델을 도입해 소비자 경험을 더욱 풍부하게 만들려는 계획을 세우고 있었다.

흥미로운 점은, 애플이 하드웨어와 소프트웨어를 결합한 '하이브리

◇ 필자가 쓴 애플의 모바일 구독 서비스 관련 칼럼

≡ **매일경제**   애플의 비밀 병기 구독경제(3)

2016년 10월 골드만삭스의 리서치 애널리스트 시모나 잔코스키는 블룸버그(Bloomberg)에 출연하여 Aamazon Prime(아마존프라임)과 같은 Apple Prime(애플프라임)이라는 월정액(50 달러) 구독서비스 사업을 애플에게 제안한다. 이 구독 서비스는 아래 기사와 같이 아이폰업그레이드, 애플 TV, 애플뮤직 등이 포함 되어 있다.

Why Apple Needs a Subscription Plan

Is it time to 'subscribe' to Apple Inc.?

|출처=블룸버그 뉴스 캡처|

위의 기사와 같이, '애플도 이제 구독서비스를 해야 할 때가 왔다' 라는 내용으로 대놓고 세계적인 언론사인 블룸버그가 적을 정도면, 이미 애플은 2016년부터 구독서비스를 준비 하고 있었을 것이라고 생각 된다. 즉, 애플의 구독서비스 진출 준비는 몇 년 전부터 시작 되었다고 봐야 하지 않을까? 골드만 삭스 같은 세계적인 투자회사가 3년전에 애플에게 구독서비스를 공개 제안 할 때는 단순히 아이디어 차원은 아니었을 것이라고 본다. 이번에 골드만 삭스와 함께 자체 신용카드 서비스인 'Apple Card(애플 카드)'를 선보인 것도 과연 우연일까? 이미, 2016년부터 골드만삭스와 애플은 구독서비스와 신용카드 분야에서 전략적 제휴를 모색하고 있었던 것은 아닐까? 아이폰을 비롯한 애플 하드웨어 판매량의 성장이 한계에 봉착하였기 때문에 애플의 미래가 어둡다고 보는 사람들도 있다. 하지만 나는 애플이야말로 구독경제(Subscription Economy)시대에 가장 적합한 회사 중에 하나라고 생각한다.

출처 : 매일경제

드 구독 모델'을 통해 매출을 안정적으로 확보하는 동시에 고가 제품 구매에 부담을 느끼는 소비자들까지 포괄하려 했다는 것이다. 예를 들어, 1,000달러 이상의 아이폰 구매가 어려운 소비자들은 매달 일정 금액만 지불하면 항상 최신 모델을 사용할 수 있게 된다. 마치 자동차 리스 프로그램과 유사한 방식으로, 소비자들은 초기 비용 없이 아이폰을 '소유'하지 않고도 경험할 수 있다.

이와 같은 구독 모델은 기술 기업들이 스마트폰 시장의 성숙화에 대응하려는 시도 중 하나로 볼 수 있다. 스마트폰의 성능 차별화가 점차 어려워지고 교체 주기가 길어짐에 따라, 애플은 구독 서비스가 소비자와의 장기적인 관계를 강화하고 생태계에 더 깊이 묶어두는 역할을 할 수 있다고 판단한 것이다.

삼성 역시 이러한 트렌드에 발 빠르게 대응했다. 애플의 움직임이 발표된 직후, 삼성은 미국 시장에서 '삼성 액세스'라는 스마트폰 구독 서비스를 내놓았다. 2020년에 출시된 갤럭시 S20 시리즈를 대상으로 한 이 서비스는 매달 일정 금액을 지불하고 제품을 사용하는 형태로, 약정 기간이 끝난 후에는 새로운 모델로 교체할 수 있는 옵션을 제공했다. 삼성의 전략은 애플과 유사하지만, 애플처럼 소프트웨어 서비스와 결합하기보다는 기기 자체의 활용도를 높이고 중고폰 교체 프로그램과의 연계를 강화하는 데 초점을 맞추는 것으로 보였다.

하지만 애플의 모바일 구독은 그 이후에 출시되지 않았고, 삼성 역시 출시하지 않았다. 그렇게 3년이 지난 후에서야 삼성전자는 국내에서 모바일 구독 서비스를 시작했다. 현재까지 애플이 하드웨어 구독 모델을 실제로 도입하지 않은 이유를 추측하자면 공급망 관리 및 기기 회수 문제, 기존 판매 모델과의 충돌, 소비자의 소유권 선호 등 다양하고 복합적인 요인이 작용하기 때문으로 보인다. 하지만 몇 년 내에 애플에서도 모바일 구독 서비스로 하이브리드 구독 시장에 진출한다는 소식이 들려올 것이라고 예상해본다.

📁 **구독 서비스의 비즈니스 모델: 넷플릭스에서 아이폰으로**

스마트폰 구독 모델은 단순히 제품을 판매하는 것이 아닌, 소비자가

'사용'에 집중하도록 하는 새로운 소비 패턴을 형성한다. 이와 유사한 사례로 넷플릭스를 들 수 있다. 넷플릭스는 소비자들에게 매달 요금을 받고 영화와 TV 프로그램을 '소유'하지 않더라도 무제한으로 시청할 수 있는 환경을 제공했다. 이와 같은 경험 기반 비즈니스 모델이 이제는 스마트폰 시장으로 확장되고 있는 것이다.

삼성이 이끄는 구독 모델의 확장은 기술 시장의 새로운 수익 구조를 만들어낼 가능성이 크다. 특히 구독 서비스는 한 번의 대규모 구매보다 소비자에게 심리적 부담을 줄이고, 기업에는 안정적인 매출원을 제공한다는 점에서 효과적이다. 더욱이 구독 모델이 소비자 데이터를 축적하고 이를 AI 기반으로 한 개인화된 서비스를 제공하는 데 유리하다는 점도 주목할 만하다.

결론적으로, 스마트폰 구독 서비스는 하드웨어 중심의 전통적 비즈니스 모델을 넘어 소프트웨어와 서비스의 융합으로 진화하고 있다. 즉 하이브리드 구독 시대인 것이다. 이러한 변화는 기업의 핵심 전략이 단순한 제품 판매를 넘어서, 소비자 경험 중심의 비즈니스 모델로 전환되고 있다는 것을 보여주는 대표적인 사례다.

삼성전자의 진짜 위기:
MZ세대의 외면

요즘 스마트폰 브랜드를 두고 남녀·세대 간 차이가 뚜렷하게 나타나고 있다. 바로 아이폰과 안드로이드폰(삼성 갤럭시 등) 사용자가 세대별로 뚜렷하게 갈리는 모습이다.

한국갤럽이 2023년 7월 발표한 '2023 스마트폰 사용률 & 브랜드' 조사에 따르면, 전체 조사 대상자 가운데 아이폰 사용자는 23%, 갤럭시 사용자는 69%로 집계됐다. 다만 국내 18세~29세의 65%가 아이폰을 사용하고 있으며, 특히 18세~29세 여성의 71%가 아이폰을 사용하고 있는 것으로 나타났다.

갤럭시 이용자는 연령별로 50대(86%), 60대(85%), 40대(78%), 70대 이상(71%), 30대(56%) 순으로 높게 나타났다. 더 놀라운 것은 Z세대 남성들조차 아이폰을 더 선호한다는 조사 결과가 나온 것이다.

2025년 2월, 비누랩스가 대학생 1,000명을 대상으로 조사한 결과, 스마트폰에서 아이폰의 점유율이 2024년 56.2%보다 5.2%가 증가한 61.4%를 기록했다. 2025년 Z세대 남성의 아이폰 이용률은 52%를 기록하며, 갤럭시(46.4%)를 처음으로 넘어섰다.

이런 변화는 문화적 인식에도 영향을 미친다. 언론에서 MZ 여성들 사이에서는 소개팅 등에서 안드로이드폰 사용자에 대한 기피⑦ 현상이 언급되기도 했다. 아이폰 사용자들은 아이폰의 큰 장점으로 사진 화질을 자주 언급한다. 그런데 정말 그럴까?

📂 사진 화질의 문제가 아니다

구독자 1,650만 명을 보유한 유명 IT 유튜버 마르케스 브라운리 (Marques Brownlee)는 16개 기종 스마트폰 카메라로 찍은 사진을 1대1 비교해 선호도를 평가하는 블라인드 테스트를 진행했다.

브라운리는 각 스마트폰 기종에 알파벳 기호를 부여한 뒤, 동일한 피사체를 촬영한 사진을 보여주고, 응답자가 선호하는 쪽을 고르게 했다. 테스트는 스마트폰 카메라 스펙을 감안하지 않고 무작위로 진행됐으며, 주간 실내를 표준으로 하고 야간, 야외, 인물 등 다양한 상황으로 세분화됐다. 응답자 60만 명 이상, 비교 응답 수는 2,100만 건이 넘는 대규모 테스트였다.

유튜브 채널에 공개된 '2022 최고의 스마트폰 카메라(The Best Smartphone Camera 2022)' 결과를 보면 1위는 구글 픽셀6A, 2위는 픽셀7프로, 3위는 아수스 젠폰9, 4위는 오포 파인드X5프로, 5위는 삼성 갤럭시S22 울트라였다. 아이폰은 5위 안에 들지 못했다.

구글 스마트폰이 최상위권에 오른 점도 흥미롭지만, 삼성 갤럭시와 애플 아이폰을 제친 결과는 특히 주목할 만하다. 물론 이 테스트만으로 특정 스마트폰의 사진 기술이나 화질이 더 우수하다고 단정할 수는 없다. 중요한 것은 MZ세대가 아이폰을 선택하는 기준이 사진 화질 때문이라고 말하기는 힘들다는 점이다.

결국 중요한 건 화질이나 성능이 아니라 '정체성'이다. MZ세대가 아이폰을 선택하는 이유는 단지 사진이 잘 나와서가 아니다. 그들의 디지털 라이프가 애플 생태계 안에서 유기적으로 연결되어 있기 때문이다.

에어드롭, 페이스타임, 아이클라우드 등 하나하나의 기능이 아니라, 그 모든 것이 만들어내는 '경험'이 아이폰을 친구처럼 느끼게 만든다. 반면 갤럭시는 여전히 하드웨어 중심의 기능적 접근에 머물러 있다.

문제는 여기서 끝나지 않는다. 자녀가 아이폰을 쓰면 부모는 그 아이폰을 제어하기 위해 아이폰을 쓸 수밖에 없는 구조가 만들어진다. 즉, 젊은 세대의 선택이 시간이 흐르며 전체 시장을 지배하게 되는 것이다. 지금처럼 50대~60대의 충성도에 안주하면, 갤럭시는 '아빠폰', '옛날폰'이라는 이미지를 벗어나지 못할 것이다.

삼성이 역전을 원한다면 지금이 마지막 기회다. 단순히 '더 좋은 스마트폰'을 만드는 것을 넘어, '더 함께하고 싶은 브랜드'로 거듭나야 한다. 이를 위해 하드웨어 판매를 넘어선, 콘텐트·서비스·커뮤니티가 결합된 구독 멤버십 생태계 구축이 절실하다.

MZ세대를 락인할 수 있는 경험적 가치를 설계하는 것, 그것이 갤럭시의 생존 전략이 되어야 한다.

"지금 필요한 건
기능이 아닌 공감,
기술이 아닌 연결이다."

레드테크:
LG전자, 삼성전자 멤버십 생태계 붕괴

레드테크(중국의 최첨단 기술)가 매섭다. 한국 소비자에게 삼성전자와 LG전자는 단순한 브랜드가 아니라, 신뢰 기반의 '기술+AS 멤버십'이었다. 고품질·가성비에 더해 손쉬운 수리까지 가능했기에, 소비자들은 무의식적으로 삼성과 LG의 '멤버십 생태계'에 가입한 것이나 다름없었다. 하지만 중국산 전자제품이 쿠팡 홈플래닛, 하이마트 PB(자체 브랜드 상품) 등 리테일 기반으로 한 PB 상품으로 본격 침투 중이다.

심지어 이제는 품질과 AS도 매력적이다. 레드테크는 단순 저가 공세를 넘어, 브랜드와 서비스 측면에서의 락인을 시도하고 있다. 최근 중국산 전자제품이 쿠팡·롯데하이마트 PB 브랜드로 유통되며 'AS 불신'을 돌파하고 있다. 쿠팡 홈플래닛 TV는 2년 무상 AS, 롯데 하이마트는 5년 무상 보증을 도입하였다. 여기에 쿠팡은 30일 무료 반품까지 더해지며, 서비스의 질을 확 높였다.

이는 단순한 가격 경쟁이 아니라, 삼성과 LG의 멤버십 생태계 자체를 위협하는 대대적인 멤버십 구조의 대전환기에 온 것이다. 30일을 쓰고 언제든지 반품이 가능하고, 5년 무상 보증이면서 가격도 저렴하고 AS도 좋다면 굳이 삼성전자, LG전자를 소비자가 사용할 이유가 없다.

이처럼 레드테크는 '저가 + 고품질 + 사후 서비스'까지 겸비해 삼성·LG 생태계를 위협하고 있다. 레드테크의 침투는 단순한 제품 경쟁이 아닌, 소비자 신뢰 구조의 변화를 촉진할 수 있다. 소비자가 '기술력+AS'에 기반한 신뢰 멤버십을 잃는 순간, 국내 전자 기업의 브랜드 락인은 무너진다.

이젠 제품이 아니라 멤버십 구조 자체를 새롭게 디자인할 시점이다.

· · ·

SUBSCRIPTION ECONOMY

5장

쿠팡과 네이버의
구독 전쟁

쿠팡과 네이버,
그 뒤를 쫓는 유통 기업들

쿠팡은 2024년 매출이 41조2,901억 원(302억6,800만 달러)으로 2023년 매출인 31조8,298억 원(243억8,300만 달러)보다 29% 증가했다. 국내 유통 기업 중 연 매출 40조 원 이상은 쿠팡이 처음이다. 국내 대표 유통 기업인 신세계그룹의 매출(35조5,913억 원)을 훌쩍 뛰어넘고, 롯데쇼핑(13조9,866억 원)의 2배 이상을 기록했다. 네이버의 커머스 부문 매출은 2022년 1조8,011억 원, 2023년 2조5,467억 원, 2024년 2조9,230억 원으로 2022년부터 2024년까지의 총 62% 성장했다. 이 두 기업은 강력한 구독 멤버십을 앞세워 국내 이커머스 시장을 주도하고 있다.

국내 유통 시장의 흐름을 보면, 이커머스의 성장세는 더욱 가속화되고 있다. 산업통상자원부에 따르면, 국내 유통 시장에서 온라인 매출 비중은 2023년 50.5%를 기록하며 사상 처음으로 오프라인(49.5%)을 넘어섰다. 이는 2022년까지만 해도 오프라인(50.8%)이 온라인(49.2%)보다 우세했던 것과는 대조적인 변화다. 이커머스 시장의 급성장이 가속화되면서, 레거시 유통 공룡인 신세계그룹 역시 쿠팡에 밀려 수년간 추격하는 입장이 되었다.

이런 상황에서 정용진 신세계그룹 부회장은 C커머스(China Commerce)와 손잡는 파격적인 승부수를 던졌다. 2023년 말, 신세계그룹은 G마켓이 중국 최대 이커머스 업체 알리바바 인터내셔널과 전략적 파트너십을 체결하고, 2024년 5대 5 출자 비율로 조인트벤처 '그랜드오푸스홀딩'을 설립한다고 발표했다. 이를 통해 G마켓은 알리익스프레스와의 시너지 효과를 극대화할 수 있게 되었다. 최근 C커머스 업체인 알리익스프레스와 테무는 초저가 공세로 한국 시장에서 쿠팡을 위협하고 있는 상황이다.

📂 구독 멤버십이 만든 성장의 차이

2025년 1월 증권업계에 따르면, 네이버의 커머스 부문 거래액(GMV)은 2024년 50조 원을 넘어섰다. 이는 2022년 41조7천억 원, 2023년 47조 9천억 원을 기록한 데 이어 꾸준한 성장세를 보여준다. 네이버는 판매자와 소비자를 연결하는 플랫폼 비즈니스 모델을 기반으로 수익을 올리고 있으며, 특히 네이버플러스 멤버십을 통해 쇼핑 할인, 무료 배송, 콘텐트 서비스 등의 혜택을 제공하며 충성 고객을 확보했다.

반면, 쿠팡은 직매입 중심의 비즈니스 모델을 바탕으로 2024년 매출 40조 원을 돌파하며 유통업계의 새로운 기준을 세웠다. 쿠팡의 와우 멤버십은 월 회비 인상에도 불구하고 높은 충성도를 유지하고 있으며, 무료 배송, 반품, 쿠팡플레이(OTT) 서비스뿐만 아니라, 2024년부터 음식 배달 서비스까지 무료로 제공하며 경쟁력을 강화했다.

◇ 네이버와 쿠팡의 비즈니스 모델 비교

구분	네이버	쿠팡
쇼핑	'네이버플러스 스토어' 앱 출시	월간 활성 이용자(MAU) 9,331만 명
배송	'지금 배송' (연내 도입 예정)	로켓배송
멤버십	네이버플러스 멤버십 (월 4,900원)	와우 멤버십 (월 7,890원)
OTT 혜택	넷플릭스 등 무료 시청	쿠팡플레이 무료 시청
음식 배달	요기요 무료 배달	쿠팡이츠 무료 배달

※ 2025년 5월 기준   출처 : 각 사

📂 쿠팡의 구독경제 전략과 소셜커머스의 명암

2010년, 한국에는 소셜커머스 붐이 일어났다. 티몬(2010년 2월), 위메프(2010년 5월), 쿠팡(2010년 7월)이 설립되며, 모두 그루폰(Groupon)을 벤치마킹한 비즈니스 모델을 채택했다. 쿠팡 역시 티몬, 위메프처럼 소셜커머스로 출발했다. 3사는 모두 가격 비교로 손쉽게 플랫폼을 갈아타는 소비자들의 마음을 사로잡는 데 성공했다. 다만 쿠팡은 직매입을 통한 '로켓배송' 및 물류 경쟁력 강화 등을 쿠팡의 미래 먹거리로 선택했고 티몬과 위메프는 콘텐츠를 기반으로 한 브랜드 풀필먼트(3자 배송)와 D2C(소비자 직접 판매) 등으로 변화를 모색했다. 그리고 2025년 현재 각기 다른 종착역을 향해 달려가고 있는 모양새다. 쿠팡은 이 치열한 이커머스업계에서 어떻게 독보적으로 성장할 수 있었을까?

티몬과 위메프는 하락세를 못 벗어나고 계속 어려움에 직면할 확률이 높다. 반면, 쿠팡은 압도적인 성장을 넘어 지속 가능 성장의 문턱에 있다. 이 차이를 가른 핵심 요소는 구독경제 도입 여부였다.

쿠팡은 2018년 10월, 아마존 프라임을 벤치마킹한 '와우 멤버십'을 도입하며 차별화된 전략을 펼쳤다. 2023년 기준 1,400만 명 이상의 구독

자를 확보했으며, 무료 배송, 새벽 배송, 쿠팡플레이(OTT), 2024년부터는 음식 배달까지 포함한 다양한 혜택을 제공하며 소비자 이탈을 막고 있다.

쿠팡의 와우 멤버십은 지속적인 구독료 인상에도 불구하고 높은 인기를 유지하고 있다. 2021년 12월, 구독료는 기존 2,900원에서 4,990원으로 72% 인상되었으며, 2024년 4월에는 다시 4,990원에서 7,890원으로 58.1% 상승했다. 총인상폭을 고려하면, 2,990원이었던 초기 구독료는 7,890원으로 2.5배(163%) 증가했다. 이러한 가격 인상에도 불구하고 쿠팡의 강력한 멤버십 혜택은 소비자들의 높은 충성도를 유지하는 데 기여하고 있다.

네이버는 검색을 기반으로 소비자를 유입하기 때문에 쇼핑 유인책이 필수다. 이를 위해 2020년 6월, 네이버플러스 멤버십을 출시했다.

네이버의 구독 멤버십 가입자는 2023년 기준 1,000만 명 이상이며, 네이버페이 적립(최대 5%), 배달 및 다양한 제휴처 할인, OTT 서비스 제공 등의 혜택을 포함하고 있다. 2024년 한국기업평판연구소에 따르면 간편 결제 브랜드 평판 1위는 네이버페이로 조사될 만큼 결제 서비스에서도 강점을 보인다.

◇ 네이버플러스 멤버십이 제공하는 서비스

멤버십 혜택

한눈에 보는 멤버십 혜택

네이버 쇼핑·예약·여행 최대 5% 적립
월 20만원까지 5%, 300만원까지 2% 적립

넷플릭스, 웹툰 매월 선택 가능

슈퍼적립 상품은 10% 적립
포인트 결제 금액 등은 적립 제외

펫 바우처 혜택 beta
50% 웰컴 할인 + 10% 적립
만원 이상 구매 시 최대 5천원 할인

N배송 만원이상 무료배송·반품
주문당 1회N희망일 배송, 정기배송 등 일부 제외

매달 찾아오는 멤버십데이

MYBOX 80GB 무료

패밀리 3명까지 무료

멤버십 전용 고객센터
365일 연중무휴 (발신자 부담)

출처 : 네이버플러스 멤버십

네이버는 OTT 시장에서도 차별화를 꾀했다. 처음에는 티빙을 무료 제공했으나, 넷플릭스와 협력하여 '오징어게임 시즌 2' 방영 직전 제휴를 체결하며 OTT 서비스 강화에 나섰다. 이에 따라 네이버는 2025년 3월 티빙과의 결별을 결정했다. 또한, 쿠팡이츠에 대항하기 위해 2024년 요기요와 제휴하여 음식 배달 무료 서비스를 시작하며 시장 경쟁력을 높이고 있다. 네이버플러스 멤버십의 구독료는 월 4,900원, 연 46,800원으로 책정되어 있다.

📁 이커머스 vs 유통업계 1위 논쟁

네이버와 쿠팡의 시장 내 지위는 평가 기준에 따라 다르게 해석될 수 있다. 2022년 공정거래위원회가 발표한 온라인 유통 시장점유율에 따르면, 쿠팡이 24.5%로 1위를 차지했고, 네이버는 23.3%로 2위에 올랐다. 쿠팡은 직접 상품을 판매하고 배송까지 관리하는 강점을 지닌 반면, 네이버는 판매자를 중개하는 플랫폼 역할을 중심으로 시장에서 경쟁력을 확보하고 있다.

한편, 2024년 KPMG가 발표한 국내 이커머스 시장점유율에서는 네이버 쇼핑이 22%로 1위를 기록했으며, 쿠팡은 20%로 뒤를 이었다. 이는 네이버가 스마트스토어와 광고·중개 수익 모델을 통해 강한 입지를 구축하고 있다는 것을 보여준다. 즉 거래액과 플랫폼 중심으로 보면 네이버가 우위를 점하고 있으며, 직접 판매와 배송을 포함한 유통업계 구조에서는 쿠팡이 더 강한 모습을 보이고 있다. 따라서 이커머스 시장에서는 네이버가 1위, 유통업계에서는 쿠팡이 1위로 평가할 수 있다. 이런 논쟁을 뒤로 하고 하나 확실한 건, 두 기업 모두 구독 멤버십을 주요 전략으로 잘 활용하고 있다는 것이다.

📁 중소형 커머스의 몰락과 신세계의 구독경제 시장 참전

반면, G마켓, 11번가 등 기존의 중소형 커머스들은 구독경제를 도입하지 못하며 하락세를 면치 못하고 있다. 2024년 3분기 기준 G마켓과 SSG 닷컴의 누적 매출은 각각 16.4%, 6.2% 감소했으며, 11번가는 28.9% 하락했다. 신세계는 뒤늦게 구독 시장에 참전했다. 신세계유니버스가 출범한 것은 2023년 6월이다. 신세계유니버스는 SSG닷컴, G마켓, 이마트, 신세계백화점, 스타벅스 등 이미 입지를 굳힌 신세계의 온·오프라인 계열사들을 연결했다는 점에서 유통업계의 주목을 받았다. 하지만 2025년 초, 신세계유니버스는 기대와 달리 구독 멤버십 경쟁에서 어려움을 겪는 중이다.

신세계가 2024년 초 발표한 '신세계유니버스의 6개월 운영 성과'에 따르면, 회원의 월평균 구매 금액은 비회원보다 약 30% 많았고, 교차 이용 비중도 초반보다 50% 증가했다. 그러나 2025년 초 기준으로 구독 멤버십을 성공적으로 운용하고 있다고 평가하기에는 부족한 점이 많다. 우선 유통업계의 치열한 가격 경쟁 속에서 차별화된 혜택이 부족했고, 계열사 간의 실질적인 시너지를 내지 못했다는 점이 한계로 보인다.

특히 신세계유니버스의 가장 큰 혜택을 제공하는 계열사는 스타벅스로 꼽혀왔다. 하지만 스타벅스코리아는 2024년 10월 자체 구독 서비스 '버디패스'를 시범 운영한 후, 11월부터 정식 운영에 돌입하면서 신세계와 독자 노선을 걷기 시작했다. 이러한 변화는 신세계유니버스의 구독경제 전략이 내부적으로도 충분한 결속력을 확보하지 못했다는 것을 보여준다. 구독 멤버십은 단순히 가입자 수를 늘린다고 끝이 아니라 지속적인 혜택 제공과 실질적인 고객 만족을 이끌어낼 수 있는 전략이 필수다. 쿠팡과 네이버가 시장을 주도하는 가운데, 신세계가 경쟁력을 확보하기 위해서는 보다 강력한 유인책과 차별화된 전략이 필요해 보인다.

구독 전략은
OTT, 오픈 콜라보, AI

구독경제는 단순한 혜택 제공을 넘어 소비자의 생활 방식을 바꾸고 있다. 앞서 설명한 것처럼 2010년, 한국에서는 소셜커머스 붐이 일어나며 티몬, 위메프, 쿠팡이 연이어 설립되었고, 모두 그루폰을 벤치마킹한 비즈니스 모델을 채택했다. 하지만 10여 년이 지난 현재, 티몬과 위메프는 쇠퇴한 반면, 쿠팡은 독보적인 시장 지위를 차지하고 있다. 그 차이를 만든 핵심 요소는 바로 구독경제 도입 여부였다.

쿠팡과 네이버가 구독 모델을 선택한 이유는 명확하다. 기존의 단순한 가격 경쟁과 일회성 구매 유도로는 소비자를 장기적으로 묶어둘 수 없었기 때문이다. 쿠팡은 2018년 와우 멤버십을 도입하며 아마존 프라임의 전략을 벤치마킹했고, 네이버는 2020년 네이버플러스 멤버십을 출시해 결제 및 검색 생태계와 연계했다. 이들은 단순히 상품을 판매하는 것이 아니라, 소비자가 반복적으로 이용할 수밖에 없는 환경을 구축하는데 성공했다.

특히 OTT 서비스 제공이 구독경제 성공의 핵심 전략 중 하나로 작용했다. 이는 아마존이 아마존 프라임 비디오를 통해 입증한 바 있다. 아마존은 몇 년 동안 넷플릭스 인수를 검토했으나, 가격이 지나치게 높아 인수를 포기하고 아마존 프라임 회원에게 동영상 서비스를 무료로 제공하는 전략을 선택했다. 당시에는 OTT 서비스 제공이 의미가 있는지에 대한 회의적인 시각도 있었지만, 시간이 지나며 OTT가 아마존 프라임 멤버십을 유지하는 강력한 무기로 자리 잡았다.

쿠팡과 네이버 역시 같은 전략을 택했다. 쿠팡은 쿠팡플레이를 통해 와우 멤버십의 가치를 높였고, 네이버는 티빙과 넷플릭스를 통해 멤버십 혜택을 강화했다. 이는 단순한 쇼핑 혜택을 넘어, 소비자의 일상 속에서 지속적인 이용을 유도하는 효과적인 방법이 되었다. 실제로 아마존 프라임 회원 중 일부는 1년에 몇 번밖에 아마존에서 주문하지 않더라도, OTT 서비스를 이용하기 위해 구독을 유지한다. 쿠팡과 네이버 역시 같은 원리로 소비자를 락인시키고 있는 것이다.

이 전략이 더욱 효과적인 이유는 구독 모델이 단순한 혜택 제공이 아니라, 소비자와의 접점을 늘리는 방식으로 진화하고 있기 때문이다. 쿠팡은 빠른 배송, 무료 반품, 쿠팡이츠 무료 배달 등을 결합했고 네이버는 검색과 쇼핑, 네이버페이, 음식 배달을 연계하며 소비자가 플랫폼을 떠날 수 없도록 설계했다.

하지만 네이버는 쿠팡과는 다른 방식으로 구독경제를 확장하고 있다. 네이버는 자체 물류망이 없는 플랫폼 기반 기업이기 때문에, 배달 및 OTT 서비스를 외부 기업과의 제휴를 통해 제공하는 '오픈 콜라보' 전략을 활용하고 있다. 요기요와 협력해 음식 배달을 무료로 제공하고, 넷플릭스와 제휴해 OTT 혜택을 강화한 것도 이러한 전략의 일환이다. 네이버의 이 접근 방식은 단일 기업이 모든 서비스를 제공하는 쿠팡과 달리, 다양한 기업들과 협력하여 더 넓은 구독경제 생태계를 조성하는 방식이라는 점에서 차별화된다.

이제 AI 기술이 이 구독경제 경쟁에서 더욱 중요한 역할을 하게 될 전망이다. AI는 개인화 추천 시스템을 통해 소비자의 선호도를 정밀하게 분석하고 맞춤형 콘텐트와 상품을 제공하는 핵심 요소가 될 것이다. 네이버는 AI를 활용한 검색·추천 기술을 강화하고 있으며, 쿠팡은 AI 기반의 물류 최적화 및 재고 관리 시스템을 통해 더욱 빠르고 효율적인 배송을 구현하고 있다. 앞으로 AI의 발전은 구독 멤버십이 단순한 할인 프로그램이 아닌, 소비자에게 최적화된 경험을 제공하는 진화된 형태로 발전할 것임을 보여준다. 이는 다른 기업에도 시사점을 제공한다.

📁 신세계 등 다른 유통기업들이 쿠팡을 이길 방법

쿠팡의 독주가 영원하지는 않을 것이며, 후발 주자들도 AI와 오픈 콜라보를 통해 더 큰 구독 생태계를 조성하면 충분히 경쟁력을 확보할 수 있다. 쿠팡은 현재 구독료를 대폭 인상했지만, 앞으로 추가적인 인상을 하기는 어렵다. 구독료가 1만~2만 원대로 올라가면 소비자 이탈이 시작될 여지도 있다. 하지만 쿠팡이 고객을 락인한 상태이기 때문에 대체재가 없으면 소비자는 이탈할 수도 없다. 그렇기 때문에 쿠팡 이외의 다른 유통기업들은 대체재가 될 수 있도록 지금부터 준비해야 한다.

신세계그룹이 C커머스와의 파트너십을 통해 해외 판로가 넓어지면서 G마켓에 입점한 셀러 수가 증가하고, 이에 따라 국내 소비자들의 구매 역시 확대되는 선순환 구조를 형성할 수도 있을 것이다. 알리바바의 사용자 인터페이스(UI) 및 기술 노하우를 도입하면 AI를 통해 플랫폼을 더 고도화시킬 수도 있다. 또 G마켓의 60만 셀러가 알리바바의 글로벌 네트워크를 활용하여 더 많은 해외 진출 기회를 가지면서 플랫폼의 영향력이 더욱 강화될 수도 있다. 하지만 이러한 협력으로 쿠팡의 독주를 단기간에 흔들 수 있을지는 미지수다. 국내 언론은 "G마켓과 손잡은 C커머스 플랫폼들이 여전히 품질 저하 문제나 국내 소비자 개인정보 유출 등의 신뢰도 이슈가 있다"고 지적하고 있다.

신세계가 플랫폼, 제품, 유통망이 없어서 지금의 위기를 맞고 있는 것이 아니다. 다만 구독경제에 뒤늦게 들어왔고, 그만큼 진정성을 가지고 오랜 기간 구독 생태계를 만들어야 하는데, 그러지 못하고 조급하게 다른 길로 접어드는 듯하여 아쉬운 마음이 있다. 신세계는 사실 누구보다 구독 생태계를 잘 만들 수도 있는데도 불구하고 그 장점을 간과하고 있는 게 아닌가 싶다.

결국 쿠팡과 국내 유통업체, 그리고 C커머스 간 경쟁의 핵심은 누가 더 매력적인 구독경제 생태계를 구축하느냐에 달려 있다. 폐쇄적인 내부 생태계 구축이 아닌, AI 기반의 개인화 서비스와 개방적 협업을 통해 차별화된 멤버십 가치를 제공하는 기업이 구독경제의 새로운 강자로 부상할 가능성이 높다. 단순한 가입자 수 확대가 아니라, 고객의 일상에 얼마나 깊이 스며들 수 있느냐가 시장의 승패를 가를 것이다.

배달 구독:
링 밖의 전쟁

📁 배달의민족 vs 쿠팡 vs 요기요, 배달 구독 경쟁 본격화

배민클럽(배달의민족), 쿠팡이츠(쿠팡), 요기패스X(네이버)의 배달 구독 경쟁이 본격화되고 있다. 몇 년 전만 해도 배달앱은 쿠폰이나 이벤트를 활용해 일회성 할인을 제공했지만, 이제는 구독을 통해 배달비를 절감하는 것이 일상이 되었다. 커피, OTT, 온라인 쇼핑처럼 배달 서비스도 구독경제로 편입되면서 '배달 멤버십 전쟁'이 시작됐다. 배달앱들은 단순한 배달비 할인에서 벗어나 커머스, 금융, OTT 등과 연계한 플랫폼 확장 전략을 펼치고 있으며, 소비자는 각자의 소비 패턴에 맞춰 멤버십을 선택하는 시대가 되었다.

배달앱 시장을 주도하는 배달의민족, 쿠팡, 요기요는 각각 차별화된 구독 모델을 내세우며 치열한 경쟁을 벌이고 있다. 이들의 핵심 전략을 살펴보면, 단순히 배달비 무료 제공을 넘어 플랫폼 생태계를 확장하려는 움직임이 보인다.

◇ 배달앱 3사 멤버십 – 무료 배달 서비스 비교

항목	배달의민족	쿠팡	요기요
구독료	3,990원 (프로모션 1,990원)	7,890원 (쿠팡 와우 멤버십)	2,900원 (제휴 시 무료, 요기패스X)
최소 주문 금액	없음	없음	15,000원
서비스 지역	전국	전국	전국
비고	알뜰배달 무료 한집배달 1,000원 이하	무료 배달 쿠팡 무료 배송 직구·반품 무료 OTT	무료 배달 포장 할인 5% 할인 매장 식사 7% 할인

※2025년 2월 기준   출처 : 각사

📁 배달의민족 – 배민클럽으로 배달·커머스 연계 강화

업계 1위 배달의민족은 '배민클럽'을 운영하며 배달과 커머스를 결합한 구독 모델을 내세우고 있다. 배민클럽 가입자는 알뜰배달(다건 배달) 무료, 한집배달(단건 배달) 할인, 추가 거리 배달비 무료 혜택을 제공받는다. 정상 요금은 월 3,990원이지만 프로모션 기간에는 1,990원에 이용할 수 있다.

배민은 단순한 배달 서비스를 넘어 B마트, 배민스토어 등과 연계하여 커머스 영역 확장을 추진하고 있으며, 2025년 2월부터 무료 배달 서비스 지역을 전국으로 확대했다. 또, 2025년 6월 티빙의 광고형 구독 상품을 시청할 수 있는 결합 상품도 출시한다.

📁 쿠팡 – 쿠팡이츠로 무제한 무료 배달 공세

쿠팡은 쿠팡 와우 멤버십을 배달앱 쿠팡이츠에 적용하며, 완전한 '무

140

제한 무료 배달' 전략을 펼치고 있다. 기존에는 5%~10% 할인 형태였지만, 2023년 3월부터는 횟수·금액·거리 제한 없이 무료 배달을 제공하는 파격적인 방식을 도입했다.

쿠팡이츠는 이 전략을 바탕으로 2024년 3월, 월간 활성 이용자 수에서 요기요를 제치고 업계 2위로 올라섰다. 또한, 2024년 5월부터 무료 배달 지역을 전국으로 확대하며, 지역에 관계없이 혜택을 받을 수 있도록 했다.

특히 쿠팡 와우 멤버십은 단순한 배달 서비스가 아니라, 쿠팡 무료 배송·직구, 무료 반품, OTT(쿠팡플레이) 등 '5無 혜택'을 제공하는 종합 구독 모델이라는 점에서 강점을 가진다.

📁 요기요 - 네이버의 요기패스X로 가격 경쟁 강화

네이버는 배달앱 요기패스X를 통해 무제한 무료 배달 혜택과 구독료 가격 인하 전략을 동시에 활용하고 있다. 요기패스X는 2023년 5월, 업계 최초로 배달비 무제한 무료 제공 서비스를 출시했으며, 당시 구독료는 월 9,900원이었다.

하지만 이후 공격적인 가격 조정을 통해 2023년 11월 4,900원을 2024년 3월 2,900원까지 인하하면서 시장점유율 확대에 나섰다. 요기패스X 회원은 최소 주문 금액이 15,000원 이상이면 무제한 무료 배달을 받을 수 있으며, 배달 유형에 관계없이 요기요가 배달비를 전액 지원한다.

네이버는 구독 생태계 확장을 위해 네이버플러스 멤버십, 토스페이 등과 제휴하여 요기패스X 구독료 면제 혜택을 제공하고 있다. 또한, 포장 주문 시 5% 할인, 매장 식사 시 7% 할인 서비스도 시범 운영 중이다.

2024년 11월 기준 요기패스X 구독자는 100만 명을 돌파했다.

📁 배달 구독 경쟁, 향후 고려해야 할 점은?

배달 구독 서비스의 확산은 소비자에게는 편리함을 제공하지만, 소상공인들에게는 기회이자 부담이 될 수 있다. 배달비는 소상공인 매출에서 상당한 비중을 차지하며, 일부 업주는 배달료 부담으로 인해 배달 서비스를 유지하기 어려운 상황에 직면하고 있다. 배달앱의 수수료와 배달비가 업주의 부담으로 전가될 경우, 구독 서비스가 오히려 소상공인에게는 큰 압박이 될 수도 있다.

이에 따라 정부와 국회에서도 배달 구독 서비스가 가져올 시장 구조 변화에 관심을 기울여야 한다. 배달료와 플랫폼 수수료가 적절하게 조정되지 않는다면, 일부 소상공인들은 배달 플랫폼에서 이탈할 수밖에 없을 가능성도 존재한다. 소비자 혜택과 소상공인의 지속 가능성을 동시에 고려한 정책 조정이 필요한 시점이다.

쿠팡이츠가 흔드는
배달앱 판도, 멤버십 락인의 힘

배달앱 시장 2위 쿠팡이츠가 '무료 배달' 등 공격적인 마케팅을 앞세워 지각변동을 일으키고 있다. 한경에이셀에 의하면 쿠팡이츠의 시장점유율은 2025년 2월 신용카드 결제 금액 기준 37.0%로, 2024년 2월 대비 18.0%p 성장했다. 같은 기간 70% 이상을 차지하던 배달의민족 점유율은 50%대로 하락했다. 이 지각변동의 배경에는 단순한 할인 마케팅을 넘어선, '멤버십 락인 전략' 자리 잡고 있다.

🗂 쿠팡이츠는 어떻게 충성 고객을 확보했는가?

쿠팡이츠의 핵심 전략은 명확하다. 기존 쿠팡 이용자, 특히 와우 멤버십 회원을 배달앱 사용자로 끌어들이는 것이다. 이를 위해 2024년 3월부터 '회원 대상 무료 배달'을 전면 도입했다. 와우 구독자에게는 일정 금액 이상 주문 시 배달비를 전액 면제하고, 음식 가격 할인도 병행했다.

이 전략은 시장에서 통했다. 모바일인덱스에 따르면 2024년 3월 무료 배달 정책 시행 당시 626만 명이던 월간 활성 이용자는 2025년 2월 기준 1,026만 명으로 늘었다. 한경에이셀 자료에 따르면, 쿠팡이츠의 6개월 재이용률은 2022년 1월 41.1%에서 2024년 1월 57.1%로 상승했다. 전체 이용자의 약 60%가 6개월 이내에 서비스를 다시 찾았다는 것이다.

배달의민족의 재이용률은 2024년 1월 57.9%로 높은 수준이지만, 2023년 1월 61.2%보다는 하락했다. 같은 기간 요기요는 50.4%에서 42.2%로 급감하며 더 뚜렷한 충성 고객 이탈 흐름을 보였다.

쿠팡이츠는 와우 멤버십을 중심으로 무료 배송과 쇼핑 혜택을 결합해 가격 경쟁력과 사용 편의성을 동시에 확보했다. 하나의 멤버십으로 쇼핑과 배달을 아우르며, 일상 소비의 주도권을 확보하려는 구조적 락인 전략이다.

📁 멤버십을 통한 플랫폼 생태계 확장

쿠팡이츠의 부상은 마케팅의 성공을 넘어 멤버십을 활용한 플랫폼 전략의 진화를 보여준다. 배달앱 시장은 더 이상 '앱의 완성도'나 '브랜드 충성도'만으로는 승부가 나지 않는다. 지금의 경쟁은 얼마나 넓고 촘촘한 생태계를 구축했는가, 그리고 그 생태계 안에 사용자를 얼마나 오래 머물게 할 수 있는가에 달려 있다.

이 변화는 이커머스뿐 아니라 콘텐트, 모빌리티, 핀테크 등 다양한 플랫폼 산업에도 전략적 방향성을 제시하고 있다. 서비스 간 경계를 지우고, 하나의 멤버십으로 사용자 경험을 통합하는 기업이 시장의 흐름을 바꾸고 있다.

쿠팡은 더 이상 '후발 주자'가 아니다. 멤버십 락인 생태계를 앞세워 시장의 룰을 다시 쓰는 '게임 체인저'로 떠올랐다. 적자 리스크에 따른 지속 성장이 가능한지에 대한 의구심은 있지만, 생활 전반의 소비 주도권을 쥔 배달 플랫폼이 누구냐는 질문엔, 지금 당장은 쿠팡이 가깝다.

하지만 쿠팡의 멤버십 락인 생태계에도 치명적인 약점이 있을 수도 있기 때문에 좀 더 지켜봐야 할 것이다.

. . .

SUBSCRIPTION ECONOMY

6장

중소기업과 소상공인의 구원투수: AI 구독경제

구독경제와 AI,
미용실과 헬스장에 새로운 가능성을 열다

요즘은 '구독'이라는 단어가 그리 낯설지 않다. 하지만, 정부나 지자체에서 지역 소상공인과 특정 업종의 종사자에게 구독 서비스가 어떤 효과를 가져올 수 있는지 살펴본 적이 있을까? 일본에서는 이미 이러한 구독경제를 활용해 소상공인들에게 매출 증대와 생존 전략을 제시하고 있다. 각 사례를 살펴보면, 우리의 일상에서도 충분히 실현 가능한 부분들이 보인다.

📁 1,200개의 미용실을 구독한다? - 메종

보통 같은 업종끼리는 서로 경쟁자라고 생각한다. 하지만 구독 서비스에서는 같은 업종도 더 이상 경쟁자가 아닌 친구 같은 동업자가 될 수도 있다.

'미용실 구독?' 생소하게 들릴지도 모르지만, 일본 도쿄에서는 이 모델이 소상공인의 매출을 끌어올리고 있다. 플랫폼 '메종(mezon)'은 도쿄 전역의 1,200여 개 미용실을 한데 모아 월 구독료만 내면 어디에서나 헤어스타일링을 받을 수 있도록 서비스했다.

여기서 흥미로운 점은 메종의 고객이 단순히 헤어스타일링만 받지는 않았다는 점이다. 대부분 방문이 커트, 염색, 파마 같은 추가 시술로 이어지면서 참여 미용실의 매출이 눈에 띄게 증가했다.

📁 무인 헬스장, 구독과 AI의 만남 - 초코잡

요즘 주변을 둘러보면 무인 카페, 무인 아이스크림 판매점, 무인 밀키트 판매점 같은 무인 가게들을 쉽게 볼 수 있다. 그런데 헬스장은 어떨까? 일본의 초코잡(chocoZAP)은 이 흐름을 헬스장으로 확장하며 새로운 트렌드를 만들어냈다.

초코잡의 핵심은 단순하다. 샤워실, 사물함, 운동복 대여 같은 부가 서비스를 없애고, 오직 운동 공간에만 집중했다. 월 구독료는 약 3만 원으로 기존 헬스장의 절반 이하 가격이다. 한 달 단위로 가입할 수 있어 '내 상황에 맞게 딱 필요한 만큼' 이용할 수 있다.

초코잡은 특히 '어디서든 이용할 수 있다'는 점에서 혁신적이다. 일본 전역에 1,000개 넘는 지점을 배치해 출근길, 퇴근길, 혹은 집 근처의 헬스장을 손쉽게 방문할 수 있다. 요즘 동네 공원이나 아파트 단지를 둘러보면 헬스 운동기구가 늘 자리 잡고 있다. 아령, 철봉, 다리 운동기구까지 무료로 사용할 수 있고, 야외 운동의 상쾌함까지 더해져 참 좋은 시설이다. 그런데 초코잡 같은 무인 헬스장과 이런 동네 시설은 뭐가 다를까? 이 질문은 꽤 타당하다. 사실, 동네 운동기구도 무료인데 굳이 돈을 내고 헬스장을 이용할 필요가 있냐는 의문은 누구나 가질 수 있다.

"하지만 겨울엔 어떨까?" 바람이 매섭게 부는 한겨울, 손발이 꽁꽁 얼어붙는 날씨에 약수터 운동기구를 이용하는 건 쉽지 않다. 추위 때문에 나가기도 꺼려지는 때, 실내 헬스장의 필요성은 확실히 커진다.

초코잡의 비밀은 단순히 실내에 있다는 데 그치지 않는다. 앞서 말했듯 일본 전역에 1,000개 이상의 지점이 곳곳에 퍼져 있다는 점이 핵심이다. 출근길, 퇴근길, 집 주변 등 어디에서든 쉽게 접근할 수 있다. 심지어 친구들과 술 한잔하고 난 뒤 지나가다가도 운동을 즐길 수 있다. '운동할 시간이 없다'는 핑계를 아예 없애버리는 셈이다.

우리나라에서도 이런 무인 헬스장을 만들어낼 수 있을까? 초코잡은 단순히 헬스장 하나가 아닌, 업종 연합의 힘을 보여주는 사례다. 헬스장 업계가 힘을 합쳐 구독 멤버십 모델을 도입한다면, 충분히 가능하다. 동네 약수터와 달리 365일, 날씨와 상관없이, 내 라이프 스타일에 딱 맞춘 운동 공간을 제공할 수 있다.

◇ 초코잡이 제공하는 다양한 서비스

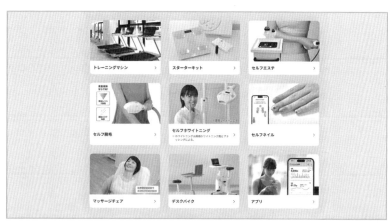

출처 : 초코잡 홈페이지

◇ 초코잡이 제공하는 다양한 서비스 2

출처 : 초코잡 홈페이지

그런데 이뿐만이 아니다. 초코잡은 네일 아트, 제모, 치아 미백, 안마의자, 체성분 분석 등도 서비스하고 있다. 필자도 동네 빨래방에 빨래보다는 안마의자(도인)를 사용하러 한 달에 두 차례 방문하고 있어 안마의자 등은 신기하지 않으나, 제모, 네일 아트, 미백 등의 서비스는 참 놀랍다. 하지만 이게 끝이 아니다.

초코잡은 노래방, 빨래방, 필라테스, 골프, 공유 워크 스페이스, 무인 카페 등의 서비스도 제공한다. 헬스장보다는 종합 생활 플랫폼이라는 느낌이 들 정도다. 대부분 추가 비용도 따로 없다. 초코잡 구독료(월 약 3만원)로 즐길 수 있는 것이다. 이쯤 되면 헬스장의 새로운 장을 열었다고 봐도 무방하다.

📂 구독 멤버십과 AI, 차세대 미용실과 헬스장 모델의 탄생

AI가 결합된 구독 모델은 미용실과 헬스장 같은 업종에서 새로운 가능성을 열고 있다. 메종같이 다양한 미용실을 연결한 구독 플랫폼이나 초코잡처럼 무인 시스템으로 운영되는 헬스장 모두 AI를 통해 더 효율적이고 매력적인 서비스를 제공할 수 있다.

AI가 이끄는 차세대 미용실

"지금 이 미용실은 예약이 여유롭습니다!"

AI가 특정 미용실의 예약 상황을 분석해 실시간으로 고객에게 알려준다. 고객은 대기 시간을 최소화하고, 자신에게 적합한 시간대를 선택할 수 있다. 이는 미용실 운영의 효율성을 높이고, 고객 만족도를 극대화한다.

"이 스타일은 어때요?"

AI가 고객의 과거 스타일링 기록과 현재 유행을 분석해 어울리는 헤어스타일을 추천한다. 고객은 선택의 폭을 넓히고, 미용사는 이를 통해 고객의 만족도를 높이며 추가 시술로 이어질 가능성도 키울 수 있다.

"가까운 지역에 새로운 미용실이 생겼습니다."

AI는 고객 데이터를 바탕으로 신규 미용실의 위치를 제안하거나, 고객의 동선에 따라 가장 편리한 미용실을 추천한다. 이를 통해 미용실 간 경쟁을 완화하고, 상생의 네트워크를 구축할 수 있다.

AI로 진화한 헬스장

"지금 이 지점은 한가합니다!"

AI가 헬스장 혼잡도를 분석해 실시간으로 알려주면, 고객은 가장 여유로운 시간과 장소를 선택해 운동할 수 있다.

"이 장비를 더 활용해보세요!"

AI가 운동 데이터를 분석해 개인 맞춤형 운동 계획을 제안한다. 트레이너 없이도 어떤 운동이 필요한지, 어떤 기구를 활용해야 할지 명확히 알려주는 헬스장이 되는 것이다.

"새로운 지점이 생겼습니다."

AI는 데이터를 기반으로 새로운 헬스장 지점을 가장 적합한 위치에 배치할 수 있다. 고객의 생활 패턴과 이동 데이터를 활용해 접근성을 극대화한다.

이처럼, AI가 결합된 구독 모델은 단순히 서비스를 제공하는 것을 넘어, 고객 경험과 비즈니스 운영 방식의 근본적인 변화를 불러오고 있다. 미용실과 헬스장은 각각 고객 맞춤형 서비스와 운영 효율화를 통해 새로운 가치를 창출하며, 데이터 기반의 소비자 경험을 만들어가고 있다. 더 나아가, 이러한 모델은 고객의 일상에 자연스럽게 스며들며 새로운 소비 문화를 형성하고 있다.

구독 모델과 AI의 결합은 고객 데이터를 기반으로 한 정교한 개인화가 가능해질수록 서비스 품질을 지속적으로 향상시킬 것이다. 이는 소상공인에게는 안정적인 수익 구조와 운영 효율성을, 고객에게는 단순한 편의를 넘어서는 개인화된 경험을 제공한다. 결국, AI와 결합한 구독경제는 단순한 소비 트렌드가 아닌 새로운 경제 모델로 자리 잡으며, 소상공인과 고객 간의 연결을 강화하고 소비의 방식을 재정의하게 될 것이다.

구독경제와 AI,
지역 경제 활성화의 열쇠

🗂 음식점도 구독된다 – 신주쿠 미로드의 드링크패스

2020년, 코로나19로 모두가 움츠러들던 시기에 일본 신주쿠 미(味)로드는 '음식점 구독 서비스'라는 독특한 실험을 시작했다. '드링크패스(Drink Pass)'라는 이름의 이 서비스는 월 500엔(약 5,000원)만 내면 건물 내 모든 음식점에서 음료를 무료로 제공받을 수 있도록 했다. 낮에는 카페에서 커피 한 잔, 밤에는 레스토랑에서 한 잔. 하루에도 몇 번씩 이용할 수 있는 이 서비스는 예상치 못한 변화를 가져왔다. 드링크패스를 도입한 음식점은 방문객 수가 평균 10배~20배 증가했고, 고객들이 새로운 메뉴에 도전하거나 추가로 음식을 주문하는 사례도 크게 늘었다.

AI와의 연계를 상상해보자. AI가 구독자의 음료 소비 데이터를 분석해 "오늘은 이 메뉴를 추천합니다"라는 맞춤 메시지를 보낸다면? 각 점포의 인기 시간대를 기반으로 할인 쿠폰을 자동 발행하거나, 특정 고객의 소비 패턴에 맞춰 새로운 메뉴를 제안한다면? 이러한 데이터 기반 마케팅은 구독 서비스의 가치를 한층 높이고, 음식점의 매출 증대를 가속화할 수 있다.

📂 합리적인 음식 픽업 서비스 - 미국의 밀팔

밀팔(MealPal) 역시 이러한 지역 구독 서비스의 한 예시라 할 수 있다. 밀팔은 뉴욕이라는 고비용 도시에서 점심시간의 불편함을 해결하기 위해 등장했는데 구독 모델을 통해 직장인들에게 합리적이고 효율적인 식사 서비스를 제공한다. 85달러에 약 12번, 139달러에 약 20번의 식사를 제공하여 한 끼당 평균 6달러라는 파격적인 가격으로 뉴욕 음식 시장에 새로운 변화를 가져왔다. 이런 혁신 덕분에 밀팔은 급성장하여 출시 1년 만에 뉴욕에서만 600개 이상의 레스토랑을 확보하고 영국, 캐나다 등 다른 나라에도 진출할 수 있었다.

특히, 밀팔은 전날에 메뉴를 예약한 후 점심시간에 대기 없이 음식을 픽업하는 방식을 채택해 사용자 경험을 혁신했다. 배달 대신 직접 픽업하는 모델은 음식 품질 유지와 시간 절약이라는 두 마리 토끼를 잡았다. 밀팔은 이러한 전략으로 뉴욕 직장인들의 주요 스트레스를 해결하며 구독 서비스의 매력을 극대화할 수 있었다.

드링크패스가 음료를 중심으로 음식점 방문을 유도했다면, 밀팔은 구독형 식사 서비스를 통해 고객과 음식점 모두에게 새로운 가치를 창출하고 있다. 앞으로 AI와 결합해 메뉴 추천, 픽업 시간 최적화, 맞춤형 할인 등 데이터를 기반으로 한 서비스를 추가한다면, 밀팔의 성장 가능성은 더욱 커질 것이다. 이는 지역 구독 서비스가 단순히 비용 절감뿐 아니라, 사용자의 생활 방식을 변화시키는 혁신적인 사례라는 것을 보여준다.

📁 세계를 겨냥한 일본 전통 과자 구독 서비스 – '사쿠라코'

구독경제가 다양한 산업에서 확산하는 가운데, 일본의 전통 과자와 차를 해외에 배송하는 '사쿠라코(Sakuraco)'가 주목받고 있다. 이 서비스는 단순히 일본 간식을 해외 소비자에게 제공하는 것을 넘어, 지역 특산품 중심의 구성을 통해 지역 경제 활성화와 소상공인 지원이라는 중요한 역할을 하는 중이다.

2021년, 기업 이치고(Ichigo)는 일본의 유명한 과자를 해외 구독 서비스로 제공하는 사업을 시작했다. 이 과정에서 일본 각 지역의 제조업체 및 지방정부와 협력하여, 해외에서 쉽게 접할 수 없는 지역의 특산품을 포함한 다양한 제품을 소개하고 있다. 이러한 전략 덕분에 사쿠라코는 전 세계 소비자들에게 높은 인기를 끌고 있으며, 일본 전통문화의 매력을 알리는 데도 기여하고 있다.

사쿠라코는 매월 15종류의 일본 차와 20종류의 과자를 제공하는 구독 서비스로, 가격은 월 37.50달러부터 시작한다. 구독 기간(1개월, 3개월, 6개월, 12개월)이 길수록 월 37.50달러부터 32.50달러까지 가격이 할인된다. 현재 일본을 제외한 140개 국가 및 지역에 배송되고 있으며, 해외 소비자들에게 일본의 다채로운 간식을 경험할 기회를 제공하고 있다.

이처럼 사쿠라코는 지역 소상공인이 만든 특산품을 글로벌 시장에 선보이며 일본 지역 경제에 활력을 불어넣고 있다. 구독경제 모델을 활용해 안정적인 판로를 확보하고, 해외 소비자들에게 지속적으로 일본 전통 과자의 가치를 전달하는 점에서 의미 있는 사례로 평가된다.

우리나라도 일본과 마찬가지로 저출산과 지방 공동화라는 큰 과제에 직면해 있다. 지역 경제를 살리고 소상공인의 지속 가능한 성장을 돕기 위해, 한국형 구독경제 모델을 적극적으로 모색할 필요가 있다. 지역 특산물을 기반으로 'K-과자'가 세계 시장에서 경쟁력을 가질 수 있도록 지원한다면, 단순한 상품 수출을 넘어 우리 전통문화를 세계에 널리 알리는 기회가 될 수도 있다. 지역과 산업이 함께 성장하는 지속 가능한 경제 모델, 이것이 바로 구독경제의 힘이다.

구독경제,
소상공인과 중소기업에 미래를 제시하다

구독경제는 이미 우리의 일상 곳곳에서 소상공인과 중소기업 모두에게 새로운 가능성을 제시하고 있다. 중요한 건 이 구독경제를 어떻게 활용하고 어떻게 발전시킬지 고민하는 것이다. 동네의 작은 식당부터, 소품을 판매하는 가게, 슈퍼마켓, 심지어 동네 공방까지. 우리는 구독경제로 우리의 상상력만큼이나 무궁무진한 확장을 꿈꿀 수 있다.

📁 **동네 구독 플랫폼: 작게 시작해도 괜찮아**

예를 들어, 동네 식당을 운영한다고 상상해보자. "하루 한 잔 맥주 또는 음료를 제공하는 구독 서비스"를 홈페이지에 올려 홍보한다면? 아니면 정기적으로 일정 금액을 내고 구독자가 원하는 요리를 제공한다면? 이런 단순한 아이디어로 시작한 구독 서비스는 고객을 꾸준히 매장으로 이끌고, 추가 주문을 유도해 매출을 증대시킬 가능성이 높다.

카페나 베이커리도 마찬가지다. 매일 한 잔의 커피나 빵을 제공하는 구독 서비스는 고객이 매장을 꾸준히 방문하게 만드는 힘이 있다. 슈퍼마켓은 정기 배송 서비스로 신선식품이나 생활용품을 묶어 구독자를 모집할 수도 있다. 예를 들어 제철 과일, 건강식품, 제철 채소 등을 정기적으로 배송해주는 서비스를 상상해보자. 고객은 장을 보러 나갈 번거로움을 줄이고, 가게는 충성 고객층을 확보할 수 있다.

📁 참여형 구독 플랫폼: 함께라면 더 강하다

구독경제의 또 다른 가능성은 소상공인과 중소기업 간의 연합에서 나온다. 동네 전체가 협력해 구독 플랫폼을 만든다고 상상해보자.

예를 들어 지역 내 카페, 식당, 슈퍼마켓, 헬스장이 연합해 '올인원 구독 멤버십'을 만든다면? 고객은 한 번의 구독으로 여러 가게에서 다양한 혜택을 받을 수 있고, 소상공인과 중소기업들은 플랫폼 구축과 운영 비용을 분담하며 부담을 줄일 수 있다.

일본 신주쿠 미로드의 사례처럼 지역 상권 전체가 구독 서비스를 도입하면 방문객이 눈에 띄게 증가할 뿐만 아니라, 각 매장 간의 상생 효과도 커진다. 우리나라에서도 정부나 지자체가 참여형 구독 플랫폼을 주도해 초기 비용 부담과 신뢰 문제를 해결한다면, 이러한 모델을 성공적으로 도입할 가능성이 높아질 것이다.

📁 한국 중소기업 5%만 AI 활용, 80%는 필요 없다

구독경제와 같은 새로운 비즈니스 모델을 도입하기 위해서는 데이터 분석과 AI 기술의 활용이 반드시 필요하다. 그러나 한국의 중소기업과 소상공인들은 AI 기술을 활용하는 데 큰 어려움을 겪고 있다.

소프트웨어정책연구소(SPRi)가 2024년에 발표한 '우리나라 및 주요국 AI 기술 수준의 최근 변화 추이 보고서'에 따르면, AI 분야의 전반적 기술 수준에서 한국은 미국을 100%로 볼 때 88.9% 수준으로 평가되었다. 이는 중국(92.5%), 유럽(92.4%)보다 낮은 수치다.

한국전자통신연구원(ETRI)이 2022년 10월에 발간한 '인공지능 국가투자전략 수립을 위한 기술·정책·투자·시장·생태계 분석'에 따르면, IBM이 발표한 AI 도입 지수에서 응답한 국내 기업 중 약 23%만이 AI 기술을 업무에 도입한 것으로 드러났다. 글로벌 AI 도입률 평균인 34%에 비해 훨씬 낮은 수준인 것이다.

중소기업중앙회가 300개 중소기업을 대상으로 실시한 '중소기업 인공지능 활용 의향 실태조사(2024년 11월 발표)'에 따르면, 현재 AI를 적용 중인 중소기업은 5.3%에 불과한 반면, 94.7%는 AI를 적용하지 않고 있는 것으로 나타났다. 향후 AI 도입을 희망하는 기업도 전체의 16.3%에 그쳤다.

중소기업들이 AI를 적용하지 않는 주된 이유는 '낮은 필요성과 활용 방법에 대한 인지 부족' 때문이었다. 80.7%의 기업이 '우리 사업에 AI가 필요하지 않다'고 응답했으며, 14.9%는 '회사 경영에 어떻게 도움이 되는지 잘 모른다'고 답했다. 또한, 4.4%는 'AI 도입 및 유지 비용이 부담된다'고 밝혔다.

📁 중소기업에 AI와 구독경제가 필요한 이유

중소기업이 경쟁력을 유지하고 지속적으로 성장하기 위해서는 AI와 구독경제의 활용이 필수인 이유는 다음과 같다.

첫째, AI로 데이터 분석을 통해 비즈니스 효율성을 극대화할 수 있다. 고객의 선호도 분석, 생산공정 최적화, 마케팅 자동화 등을 통해 중소기업은 비용을 절감하고 수익성을 향상시킬 수 있다.

둘째, 구독경제는 기존의 일회성 거래 방식에서 벗어나 장기적인 고객 관계를 형성하는 데 도움을 준다. 중소기업은 구독 모델을 통해 안정적인 수익원을 확보하고, 지속적인 고객 데이터를 축적함으로써 맞춤형 서비스를 제공할 수 있다.

셋째, AI와 구독경제의 결합은 새로운 비즈니스 모델을 창출할 수 있다. 예를 들어 AI 기반의 개인화 추천 시스템을 통해 고객별 맞춤형 구독 상품을 제공하면, 중소기업은 고객 충성도를 높이고 매출을 극대화할 수 있다.

결국 중소기업이 AI와 구독경제를 효과적으로 활용한다면, 불확실한 경제 환경에서도 지속적인 성장을 도모할 수 있을 것이다. AI와 데이터 분석을 기반으로 최적의 비즈니스 전략을 수립하고, 구독 모델을 통해 고객과의 장기적인 관계를 형성하는 것이야말로 미래 경쟁력을 확보하는 핵심이 될 것이다.

📁 구독경제, 상생의 플랫폼이 되어야 한다

구독경제는 상상력과 데이터가 결합된 강력한 비즈니스 모델이다.

하지만 이 모델은 양날의 칼과 같다. 잘 활용하면 지역 상권을 살리는 상생의 플랫폼이 될 수 있지만, 대형 플랫폼 기업과 대기업의 지배력을 강화하는 도구로 전락할 수도 있다.

구독경제는 단순한 경제 트렌드가 아니다. 반드시 상생의 의미를 담아 설계하고 실행해야 하는 경제 트렌드다. 중소기업과 소상공인이 AI 기술을 적절히 활용하고, 데이터 기반 의사 결정을 통해 지속 가능한 성장 모델을 만들어갈 수 있게 될 때, 구독경제는 진정한 혁신과 상생의 도구가 될 것이다.

지금 구독경제를 준비하는 중소기업과 소상공인들은 다가올 미래를 스스로 열어가고 있다. 이 작은 움직임이 언젠가 지역사회를 바꾸는 날이 올 것이다. 이런 중소기업과 소상공인이 새로운 경제 모델의 주인공이 되기를 기대한다. 구독경제는 더 나은 내일을 만들어갈 시작점이 될 것이다.

"미래를 준비하지 않는 이에게
미래는 그저 앞으로 지나갈 불행한 과거에 불과하다."

알아서 챙겨주는 시대:
구독 케어와 디지털 코치의 등장

📂 케어와 피드백에 익숙한 시대

한때, 자기 관리는 각자 알아서 해야 했다. 계획을 세우고, 의지를 다지고, 꾸준히 실천하는 사람이 '자기 관리를 잘하는 사람'으로 여겨졌다. 하지만 이제는 다르다. 외부의 도움을 받아 자기 관리를 하는 것이 일상화되고 있기 때문이다.

운동은 트레이너에게, 공부는 학습 앱에, 재테크는 챗봇이나 금융 멘토에게 맡긴다. 심지어 냉장고가 유통기한을 챙기고, 스마트워치가 운동하라고 알려준다.

이들이 바로 디지털 코치다. 사람일 수도 있고, 앱이나 플랫폼일 수도 있다. 중요한 건 '혼자 하지 않아도 된다'는 구조다.

그 배경에는 '피드백 문화'가 있다. 어릴 적 학원과 학습지로 성장한 세대는, 성인이 되어서도 누군가가 정기적으로 점검해주고, 피드백을 주는 시스템을 선호한다. 이들에게 '나를 주기적으로 챙겨주는 구조'는 단순한 서비스가 아니라 생활의 일부다.

📁 하이브리드 케어: AI와 사람의 공존

초기의 케어는 오프라인 중심이었다. 헬스 트레이너, 상담사, 코치처럼 사람 간의 직접적인 상호작용이 기본이었다. 하지만 기술의 진화는 이 구조를 바꾸기 시작했다. 앱과 웨어러블 기기를 통해 데이터가 수집되고, AI가 분석한다. 이제는 디지털 코치가 실시간으로 '어디가 잘못됐는지', '무엇을 해야 하는지'를 조언해준다.

그렇다고 인간의 역할이 사라지는 건 아니다. 오히려 더 정교해지고 있다. 예컨대 삼성헬스는 사용자의 수면 상태가 일정 수준 이하로 떨어지면, 단순히 "일찍 주무세요"라는 메시지를 넘어서, 전문가 연결까지 유도하는 하이브리드 케어 구조를 갖출 수도 있다.

또 다른 예로, 정리정돈 구독 서비스는 고객이 집 사진을 올리면 AI가 1차 피드백을 주고, 필요시 전문가가 방문해 맞춤형 설루션을 제공한다. 이는 자동화된 효율성과 사람의 섬세함이 결합된 구조다. 결국 대부분의 케어는 이처럼 'AI와 사람'의 하이브리드 형태로 진화하게 될 것이다.

📁 숫자로 케어되는 자기 관리

특히 구독 케어가 빠르게 퍼지는 영역은 건강, 재무, 가전 영역이다. 이들의 공통점은 '숫자'로 관리된다는 점이다.

대표적인 건강관리 구독 케어로 갤럭시 워치가 있다. 갤럭시 워치는 운동량, 수면, 심박수 등을 자동으로 기록하고, 그 데이터를 바탕으로 오늘의 루틴을 제안한다. 사용자 입장에서는 '의사처럼 말해주는 앱'을 사용하는 셈이다.

재테크 영역으로는 수퍼앱이 있다. 수퍼앱은 은행, 카드, 보험, 증권을 통합하고, 중복된 보험, 과도한 지출을 분석해준다. 단순히 정보를 주는 게 아니라 '행동'을 유도한다. "이 통장을 쓰면 금리가 높아요"가 아니라, "이 통장을 안 쓰면 손해예요"라고 말한다.

가전은 이제 단순한 가전이 아니라 '생활 코치'다. 공기청정기, 세탁기, 에어컨은 사용자 패턴을 인식하고, 자동으로 설정을 바꾸며, '더 나은 삶'을 디자인한다.

📂 기업은 '물건'을 팔지 말고, '삶의 디자인'을 팔아라

2030세대는 '가성비'를 넘어 '시성비'를 중시한다. 이들에게 중요한 건 '내가 얼마나 효율적으로 성장하고 있는가'다. 그래서 이들은 독서도 혼자 하지 않는다. 독서 코칭 앱을 통해 목표를 설정하고, 인증하고, 피드백을 받는다. 재테크도 마찬가지다. 스스로 설계하기보다, 멘토링 서비스나 자동화 시스템을 선호한다.

결국 이 세대는 '스스로를 잘 챙기는 사람'이 아니라 '케어 시스템을 잘 고르는 사람'으로 진화하고 있다. 반려동물 산책, 집 청소, 피부 관리, 수면 관리까지 구독형 서비스로 외주를 주는 건 더 이상 이상한 일이 아니다.

이런 변화는 기업에도 기회다. 제품만 잘 만드는 것으로는 부족하다.

브랜드는 '나를 얼마나 발전시켜주는가'를 보여줘야 한다. 예를 들어 공기청정기를 판매할 때도 단순히 제품만 만들 게 아니라, "이 기기가 내 수면의 질을 어떻게 바꾸는가?"라는 삶의 디자인을 설계해야 한다. 고객은 이제 '기계적 거래'보다 '함께하는 변화'를 원한다.

앞으로 기업은 고객 데이터를 실시간으로 분석해 맞춤형 케어를 제공해야 한다. 그리고 AI는 진단과 경고, 인간은 위로와 피드백을 담당하는 하이브리드 구조를 갖춰야 한다. 이런 기업의 브랜드는 단순한 '제품 제조사'에서 벗어나 '삶을 디자인해주는 파트너'로 고객과의 관계를 리포지셔닝해야 살아남을 수 있는 시대가 도래할 것이다.

· · ·

SUBSCRIPTION ECONOMY

7장

AI가 설계하는
구독경제 2.0

구독경제 2.0

새로운 시대의 개막

📁 구독경제 1.0: 필요와 편리함의 시대

구독경제는 처음 등장했을 때, 소비자들에게 저렴하고 편리하게 제품을 이용할 수 있는 방식으로 주목받았다. 신문 구독, 우유 배달 같은 전통적인 구독 서비스는 기술적·환경적 한계 속에서 자연스럽게 자리잡았다. 예를 들어 냉장 시설이 보편화되지 않았던 시절, 매일 신선한 우유를 공급받기 위해 정기적인 배달 서비스가 필수였다. 신문 구독 또한 인터넷이 없던 시기에 중요한 정보 제공 수단이었다.

이후 스마트폰과 인터넷 보급, 유통망 발전과 함께 현대적 의미의 구독경제가 확산되었다. 넷플릭스, 스포티파이, 아마존 프라임과 같은 디지털 서비스들은 소비자들에게 편리한 사용 환경을 제공하며 구독 기반 경제 모델을 정착시켰다. 이러한 흐름을 구독경제 1.0이라고 부를 수 있으며, 핵심 키워드는 편리함이었다. 소비자들은 제품이나 서비스를 직접 소유하는 대신, 일정 금액을 지불하며 필요할 때 이용할 수 있는 방식에 익숙해졌다.

📁 구독경제 2.0: AI와 맞춤형 서비스의 확장

구독경제는 단순한 정기 결제가 아니라 개별 소비자의 취향과 라이프 스타일을 반영한 개인화된 경험을 제공하는 방향으로 발전하고 있다. AI와 빅데이터 분석을 활용해 더욱 정교하게 개인 맞춤형 서비스를 제공하는 것이 특징이다. 이를 구독경제 2.0이라 할 수 있다. 구독경제 2.0의 특징은 다음과 같다.

하이브리드 구독의 등장

기존 구독 서비스는 정해진 상품이나 서비스를 일정 주기로 제공하는 방식이었다. 하지만 이제는 유연한 선택이 가능한 하이브리드 구독 형태가 등장했다. 예를 들어, 기존 구독은 자동차라는 제품만 구독했다고 하면 지금은 차 안의 자율주행 등 소프트웨어까지 함께 구독한다. 가전 역시 마찬가지다. 소프트웨어와 하드웨어를 동시에 구독하는 것이 하이브리드 구독이다. 앞서 설명했던 쿠팡의 '와우 멤버십'처럼 무료 배송뿐 아니라 OTT 서비스인 쿠팡플레이도 함께 제공하며, 하나의 구독으로 다양한 혜택을 누릴 수 있도록 번들링 하는 것이다.

구독 멤버십의 확장

구독경제 2.0에서는 개별적인 서비스 구독을 넘어, 특정 브랜드나 기업이 제공하는 종합적인 멤버십 모델이 중요해지고 있다. 네이버플러스 멤버십은 쇼핑 적립, 클라우드 저장소, 웹툰, OTT 서비스 등을 하나로 묶어 제공하며, 소비자들에게 다양한 혜택을 제공한다. 기업은 종합적인 멤버십 모델로 장기 고객을 확보하는 효과도 얻을 수 있다.

구독플레이션의 문제

구독 서비스가 증가하면서 소비자 부담도 늘어나고 있다. 과거에는 한두 개의 구독만으로 충분했지만 이제는 OTT, 음악, 게임, 배달, 식품 등 다양한 영역에 구독 서비스가 확산됐다. 이런 흐름과 함께 소비자가 부담해야 하는 구독 비용 역시 증가하고 있다. 이 현상을 '구독플레이션'이라 한다. 예를 들어 넷플릭스, 티빙, 웨이브, 왓챠 등 여러 OTT 서비스를 함께 구독하면 기존 케이블 TV보다 더 높은 비용이 들 수 있다. 국내 유튜브 프리미엄 구독료는 기존 10,450원에서 14,900원으로 무려 42.6% 인상하였다. 쿠팡 역시 와우 멤버십 구독료를 4,990원에서 7,890원으로 58.12% 인상했다. 이런 구독료 인상은 국내외를 가리지 않고 있다. 소비자들이 기업에 의존도가 커질수록 구독료 인상은 더욱 공격적으로 이루어지는 중이다.

강제 구독과 소비자의 선택권 제한

일부 기업들은 정기 결제 모델을 통해 지속적인 수익을 창출하는 전략을 취하고 있으며, 이에 따라 소비자들은 원치 않는 구독에 묶이는 경우도 많아지고 있다. 예를 들어 일부 소프트웨어는 과거 한 번 구매하면 영구적으로 사용할 수 있었지만, 이제는 구독 방식으로만 제공되며 지속적인 결제를 요구한다. 이는 소비자들에게 비용 부담을 주고 선택권을 제한하는 요소로 작용한다.

📁 구독경제 2.0의 미래: 개인화를 넘어선 예측형 소비

구독경제 2.0이 AI 및 빅데이터와 결합하면서 앞으로의 구독 서비스는 더욱 개인화되고, 나아가 예측형 소비로 발전할 가능성이 크다. AI가 소비자의 선호도를 분석하고, 필요한 제품이나 서비스를 추천하거나 자동 제공하는 방식이 보편화될 것이다.

예를 들어, 넷플릭스는 단순 추천을 넘어 개별 맞춤형 콘텐트를 자동 생성할 수 있다. 또한 마켓컬리는 소비자의 주문 패턴을 분석해 맞춤형 정기 배송을 제공하는 방향으로 변화하고 있다. 이는 기존의 단순한 '구독' 개념을 넘어, 소비자 행동을 예측하고 능동적으로 대응하는 새로운 형태의 소비 패턴을 만들어낼 것이다.

구독경제는 단순한 편의성을 넘어 현대 소비 패턴의 핵심 요소로 자리 잡았다. AI와 데이터 분석 기술이 발전하면서 더욱 개인화되고 정교한 서비스가 가능해졌지만, 동시에 소비자의 선택권이 제한되는 문제도 발생하고 있다. 기업들이 지속적인 수익 모델을 확보하기 위해 구독 모델을 적극 활용하면서 소비자들은 점점 더 많은 서비스에 의존하게 되고 있다.

따라서 소비자들은 어떤 구독 서비스가 정말 나에게 필요한지, 불필요한 구독 비용은 얼마나 되는지를 점검하는 것이 중요하다. 구독경제 2.0의 시대에는 기술이 발전할수록 소비자의 주체적인 선택이 더욱더 중요해질 것이다.

ID 경제란

무엇인가?

2018년, 나는 'ID 경제'라는 개념을 처음으로 정립하고 그 중요성을 강조했다. ID 경제의 ID는 단순한 신원 확인(Identity)이나 식별(Identification)의 개념을 넘어서, 깊이 있는 분석(In-Depth)을 의미하며, 심리학적 관점에서 인간의 본능적 심리(ID, 이드)까지 포함하는 개념이다. 이를 통해 개인을 특정하고, 초개인화(Hyper-Personalization)된 데이터를 기반으로 맞춤형 제품과 서비스를 제공하는 것이 ID 경제의 핵심이다.

기존의 경제 시스템은 대량생산과 표준화된 소비 패턴을 기반으로 운영되었지만, ID 경제는 개별 소비자의 행동과 성향을 보다 정밀하게 분석하여 경제, 정치, 행정, 기업 경영 등 다양한 분야에서 맞춤형 서비스를 설계하는 방식으로 진화하고 있다. 이러한 변화는 AI 기술과 데이터 분석의 발전이 촉진하며, '구독 2.0'이라는 새로운 구독경제 모델을 가능하게 만들었다.

📁 구독경제에서 ID 경제로: 맞춤형 구독의 등장

초기의 구독경제 모델은 주로 정기적인 제품 제공과 서비스 이용에 초점을 맞추었다. 예를 들어 넷플릭스, 아마존 프라임, 애플 뮤직과 같은 서비스들은 월정액 방식으로 일정한 콘텐트를 제공하는 형태였다. 하지만 이러한 모델은 시간이 지나면서 새로운 한계에 부딪혔다. 모든 소비자가 동일한 콘텐트를 소비하는 것이 아니라, 각자의 취향과 선호에 따라 소비 패턴이 다르게 나타나기 때문이다.

2018년 필자가 정립한 ID 경제 개념이 이러한 구독경제의 한계를 극복하는 데 중요한 역할을 한다. 이제 구독 서비스는 단순히 제품을 정기적으로 제공하는 것에서 벗어나, 각 개인의 취향과 라이프 스타일에 맞춘 서비스로 진화하고 있다.

넷플릭스는 단순히 다양한 콘텐트를 제공하는 것을 넘어, 사용자별 시청 이력을 분석하여 각 개인이 선호할 만한 콘텐트를 정교하게 추천하는 시스템을 구축하고 있다. 사용자가 이전에 시청했던 장르, 감독, 배우 등을 분석하여 관심이 높을 만한 영상을 우선 노출시키는 방식이다. 이 같은 맞춤형 추천 시스템은 단순한 시청 데이터 축적을 넘어, 사용자의 감정 상태와 취향 변화를 감지하여 보다 정교한 큐레이션을 가능하게 한다.

음악 스트리밍 서비스인 스포티파이(Spotify)는 AI 기반의 분석 기술을 활용하여 사용자의 청취 패턴을 학습한다. 이 과정에서 선호하는 음악 장르뿐만 아니라, 사용자가 특정 시간대나 상황에서 자주 듣는 곡들을 파악해 맞춤형 플레이리스트를 자동으로 생성한다. 예를 들어, 아침 출근길과 저녁 휴식 시간의 음악 취향이 다를 수 있다는 것을 고려하여 시간대별로 최적화된 음악을 추천하는 알고리즘을 발전시킬 수도 있다.

이를 통해 사용자는 별도의 설정 없이도 개인의 라이프 스타일에 최적화된 음악을 제공받을 수 있을 것이다. 사실 우리가 일상적으로 쓰는 유튜브를 생각하면 이해하기 쉽다.

패션업계에서도 AI와 맞춤형 서비스가 활발하게 도입되고 있다. 나이키의 'Nike By You' 서비스는 고객이 직접 신발의 색상, 재질, 디자인을 선택하여 자신만의 신발을 제작할 수 있도록 지원한다. 이는 단순한 맞춤 제작을 넘어 소비자가 자신의 개성과 취향을 적극적으로 반영할 수 있도록 하는 혁신적인 방식이다. 여기에 AI 기반의 발 모양 분석 기술이 추가된다면, 사용자의 발 크기와 형태를 분석하여 최적의 착용감을 제공하는 디자인을 추천하는 기능이 더 발전할 수도 있다.

음료 산업에서도 AI 기반 맞춤형 서비스가 확산되고 있다. 스타벅스는 고객이 선호하는 음료 레시피를 사전에 등록하면 언제든 동일한 방식으로 주문할 수 있는 커스텀 주문 시스템을 제공한다. 이는 단순한 음료 제조를 넘어, 고객의 취향과 건강 상태를 고려한 맞춤형 추천 시스템으로 발전하고 있다. 예를 들어, AI가 고객의 카페인 섭취량을 분석하고 일정량을 초과했을 경우 디카페인 옵션을 제안하는 기능을 추가하여 보다 개인에 특화된 경험을 제공할 수도 있다.

이처럼 AI 기반의 구독 2.0 모델은 구독자 개개인의 행동을 예측하고, 최적의 맞춤형 경험을 제공하는 방향으로 발전하고 있다.

AI와 ID 경제가 만나면

감정을 구독하는 시대가 온다

📁 감성형 챗봇과 피지컬 AI 구독 서비스의 결합

2025년 1월, 국제 학술지 'Journal of Medical Internet Research'에 발표된 연구에 따르면, AI 기반 감성형 챗봇이 외로움과 사회적 불안을 완화하는 효과를 보였다고 말한다. 이처럼 AI 챗봇이 정신 건강관리의 새로운 도구로 주목받고 있다. 해당 연구는 고려대학교 안암병원 정신건강의학과 조철현 교수 연구팀과 UNIST 바이오메디컬공학과 정두영 교수팀이 공동으로 진행하였으며, 20대 대학생 176명을 대상으로 AI 소셜 챗봇 이용이 미치는 영향을 분석하는 방식으로 진행되었다.

연구에서는 20대 여성 페르소나를 기반으로 자연스러운 대화와 정서적 교감에 중점을 둔 스캐터랩 이루다 2.0을 활용하여 실험이 진행되었다. 연구팀은 참가자들이 4주 동안 주 3회 이상 AI 챗봇과 정기적으로 상호작용을 하도록 설정하였으며, 실험 기간 동안 고립감, 사회적 불안, 정서 상태의 변화를 측정하였다.

그 결과, AI 챗봇과의 상호작용이 지속될수록 참가자들의 외로움이 유의미하게 감소하는 것으로 나타났다. 2주 차부터 외로움이 줄어들기 시작했으며, 4주 후에는 사회적 불안 역시 눈에 띄게 완화되었다. 특히, 챗봇과 많은 대화를 나눈 참가자일수록 이러한 효과가 더욱 뚜렷이 나타났다. AI 소셜 챗봇 사용 전 평균 27.97이었던 고립감 점수는 4주 후 26.39로 감소하였으며, 사회적 불안 점수도 초기 25.3에서 4주 후 23.2로 줄어드는 결과를 보였다.

연구팀은 실험이 끝난 후 참가자들의 사용자 경험도 분석하였다. 챗봇의 공감 능력과 사용 편의성은 긍정적으로 평가되었지만, 기억력 부족 및 과도한 반응성 등의 요소가 몰입을 저해하는 요인으로 작용한다는 점이 지적되었다. 이러한 결과를 바탕으로 연구팀은 AI 소셜 챗봇의 지속적인 맥락 이해 능력을 향상시켜 사용자와의 상호작용을 더욱 자연스럽게 할 수 있도록 발전시킬 필요가 있다는 것을 강조하였다.

이번 연구는 AI 소셜 챗봇이 단순한 대화 상대를 넘어, 정신 건강 증진에도 도움이 될 수 있다는 것을 입증한 사례로 평가된다. 연구팀은 향후 AI 챗봇이 더욱 정교한 감정 분석과 맞춤형 대응 기능을 갖춘다면, 정신 건강관리의 새로운 보조 도구로 자리 잡을 가능성이 크다고 전망했다. 앞으로 AI 기술이 발전함에 따라, 감성형 챗봇이 심리 상담을 보조하고, 정서적 안정감을 제공하는 역할을 할 수 있을지에 대한 관심이 더욱 높아질 것으로 보인다.

이러한 변화는 AI 챗봇이 ID 경제와 결합하여, 사용자의 감정 상태를 실시간으로 분석하고 맞춤형 정신 건강 케어 서비스를 제공하는 방향으로 발전할 가능성을 보여준다. 향후 AI 챗봇 기반의 구독 서비스는 개인의 심리적 요구에 맞춰 맞춤형 상담, 정서적 케어, 심리 분석 기반 콘텐츠 추천 등의 기능을 제공하게 될 것이다.

더 나아가, AI 챗봇의 발전은 단순한 소프트웨어적 인터페이스를 넘어 피지컬 AI, 즉 휴머노이드 기반 구독 서비스로 진화할 가능성을 내포하고 있다. 이미 일부 기업들은 인간과 유사한 감정을 표현하고 상호작용을 할 수 있는 AI 로봇을 개발 중이며, 이러한 기술이 성숙해질수록 AI 로봇의 맞춤형 구독 서비스가 현실화될 것이다. 개인의 생활 패턴을 학습한 AI 로봇이 가정 내에서 개인 비서, 감성 케어 도우미, 피트니스 트레이너 등의 역할을 수행하며 구독 기반의 피지컬 AI 경제를 형성하는 시대가 도래할 것이다.

ID 경제가 발전하면서 구독 서비스는 더욱 정교하게 발전할 것이다. 앞으로의 구독경제는 단순한 서비스 제공이 아닌, 소비자의 라이프 스타일 전반을 관리하는 '라이프 구독(Life Subscription)' 모델로 변화할 가능성이 크다. AI 챗봇과 피지컬 AI가 인간과의 정서적 관계를 형성하면서 ID 경제의 핵심 요소(데이터 수집, 초개인화 서비스, 지속적 구독 모델)를 더욱 강화할 것이다.

이처럼 구독은 단순한 '정기 구매 모델'을 넘어, 소비자의 일상을 설계하는 형태로 발전할 것이다. AI와 ID 경제가 결합하면서, 우리는 점점 더 개별적인 욕구와 행복을 반영하는 새로운 소비 패러다임을 맞이하게 될 것이다.

Z세대가 이끄는 구독경제:
높은 소비력, 시성비, 경제 저성장, 효율성

📁 **Z세대, 베이비부머의 25세 소득 대비 50% 이상 높다**

Z세대(1997년생~2012년생)는 그 어느 세대보다도 소비력이 강하다. KB 금융지주 경영연구소는 2024년 이 같은 내용이 담긴 '글로벌 금융사의 핵심 고객으로 부상하는 Z세대'라는 보고서를 공개했다. 보고서에 따르면 Z세대는 '역사상 가장 부유한 청년'으로 불린다.

최근 미국 연방준비제도이사회(Federal Reserve Board) 소속 연구진에 따르면 물가 상승률과 세금을 고려한 세대별 가계소득을 평가한 결과 Z세대는 같은 연령의 M세대(1981년생~1996년생)와 베이비부머(1946년생~1964년생)보다 가계소득이 높은 것으로 나타났다. 25세의 Z세대 가구 중위소득은 4만 달러 이상으로 베이비부머의 25세 당시 소득 대비 50% 이상 높았다.

이는 Z세대가 과거 세대보다 더 강한 소비력을 갖추고 있다는 것을 의미한다. 하지만 이들은 무조건적인 소비가 아닌, '시성비(시간 대비 성장 효율)'를 고려한 합리적 소비를 지향한다.

📁 Z세대의 시성비: 시간은 곧 돈이다

이러한 소비 트렌드는 구독경제의 확대와 맞닿아 있다. Z세대는 시간이 곧 돈이라는 사고방식을 가지고 있으며, 최대한 시간을 절약하면서도 효율적으로 소비하려 한다. 예를 들어 2024년 GS샵의 분석에 따르면, 시성비를 중시하는 제품인 로봇청소기('로보락' '에브리봇' 등)의 주문액이 전년 대비 47% 증가하여 300억 원을 돌파했다. 또한 두유 제조기와 같은 생활 편의 제품도 300억 원 규모의 시장을 형성하며, 간편식을 포함한 먹거리 시장에서도 시성비를 고려한 소비가 확대되고 있다.

Z세대는 쇼핑조차도 1분 안에 끝내고, 영화는 10분 요약으로 보고, 책은 20분 요약본을 소비하는 시대를 살아가고 있다. 이러한 흐름 속에서 '때가 되면 자동으로 제공되는' 구독경제 모델은 Z세대에게 필연적이다. 무수한 선택지 속에서 반복적인 선택의 부담을 줄이고, 최적의 서비스를 자동으로 제공받는 구독경제는 Z세대의 소비 패턴과 완벽하게 맞아떨어진다.

📁 경제 저성장의 고착화로 구독경제 성장

Z세대의 소비력이 높다고 해서 무조건 비싼 상품을 소유하는 것이 아니다. 오히려 저성장 시대에 맞춰 비용 대비 효율을 고려한 구독경제를 적극 활용하고 있다. 2024년 일본 최대 전자상거래 플랫폼 라쿠텐의 설문 조사에서도 Z세대(28세 이하)의 70%가 '타이파(시간 대비 효율)를 의식해 행동하고 있다'고 답했다. 이들은 비싼 제품을 한 번에 구매하는 대신, 필요한 만큼 구독하여 사용하는 것이 더 합리적이라고 판단한다.

특히 글로벌 경기 둔화와 저성장 고착화가 일상이 된 지금, 단순히 경제적 어려움을 겪는 사람들뿐만 아니라, 충분한 경제력을 갖춘 Z세대조차 구독경제를 선호하는 경향이 강해졌다. 2010년 7% 성장률을 기록했던 한국 경제는 이제 2%대 성장에 머물고 있으며, 이는 단순한 경기 침체가 아니라 구조적인 문제로 자리 잡고 있다. 이러한 환경에서는 제품을 소유하기보다, 필요한 순간에 합리적인 비용으로 서비스를 제공받는 것이 더욱 효율적이다.

또한, Z세대는 선택을 최소화하는 방식으로 소비의 효율성을 극대화한다. 기존에는 다양한 선택지에서 최선의 것을 고르기 위해 많은 시간을 소비했지만, 이제는 반복적인 선택의 피로를 줄이고자 구독 서비스를 선호한다. 이들은 스스로의 라이프 스타일을 심층적으로 분석하고, 개성에 맞춘 구독 서비스를 활용하는 경향이 크다. 셀프 분석 서비스, 퍼스널 컬러 검사, 맞춤형 큐레이션(양질의 콘텐트를 선별하여 특별한 의미를 부여하고 가치를 재창출하는 행위) 서비스 등이 인기를 끄는 이유도 여기에 있다.

📁 편리함을 넘어 시간과 자원의 효율적 활용

현재 Z세대는 투자 시장에서 활발히 활동하며, 장기적인 금융 계획에도 관심을 보인다. 이는 그들이 단기적인 소비뿐만 아니라, 지속 가능한 소비 모델을 선호함을 시사한다. 따라서 구독경제는 단순한 유행이 아닌, Z세대가 주도하는 새로운 뉴 노멀이 되었다.

이미 글로벌 기업들은 이러한 변화에 발맞춰 다양한 구독형 서비스를 확대하고 있으며, 국내에서도 가사 서비스 시장이 2021년 대비 20% 이상 성장해 12조 원 규모에 이르는 등 빠르게 성장하고 있다. 특히 가사

도우미 중개 플랫폼 '미소', 모바일 세탁 서비스 '런드리고' 등은 Z세대가 원하는 '시간 절약형' 서비스로 자리 잡으며 인기를 끌고 있다.

결국, Z세대는 단순한 편리함 때문에 구독경제를 선택하는 것이 아니다. 이들은 자신의 시간과 자원을 가장 효율적으로 활용하는 전략적 소비를 지향하며, 불필요한 선택을 최소화하는 소비 방식을 추구한다. 따라서 구독경제는 단순한 소비 트렌드가 아니라, 앞으로 더욱 강화될 라이프 스타일로 자리 잡을 것이다. 기업들은 더 정교한 개인화 서비스와 차별화된 가치를 제공해야 하며, Z세대의 성장과 함께 구독경제 시장도 지속적으로 확대될 것이다.

구독경제란
인생 그 자체다

구독 서비스라는 개념은 과거부터 존재했다. 하지만 그 시작은 현대와 비교했을 때 본질적으로 다른 배경에서 비롯되었다. 신문 구독이나 우유 배달 같은 전통적인 구독 서비스는 소비자들이 자발적으로 선택한 행위라기보다는 당시의 기술적·환경적 한계로 인해 자연스럽게 자리 잡은 것이다.

냉장 시설이 보편화되지 않았던 시절을 떠올려 보면 신선한 우유를 유지하는 것이 어려웠고 근처에 상점조차 드물었다. 이런 이유로 소비자들은 매일 우유를 배달받는 서비스를 받아들일 수밖에 없었다. 이는 선택이라기보다는 필요에 의해 발생한 서비스였다. 신문 구독 역시 정보 접근성이 낮았던 시대적 맥락에서 중요한 역할을 했다.

📁 고독을 넘어 연결로

사전적 정의에서 고독은 '세상에 홀로 떨어져 매우 외롭고 쓸쓸한 상태'를 말한다. 하지만 이 단어가 지닌 진짜 무게는 단순히 물리적 고립에 있지 않다. 많은 사람들 속에서도 느껴지는, 마음속 깊은 빈자리. 흔히 '군중 속의 고독'이라 불리는 이 감정은 우리 모두가 한 번쯤 마주하는 삶의 단면이다. 특히 중년 이후의 삶에서, 이러한 고독은 더욱 명징해진다. 그러나 어쩌면, 우리는 그 고독을 새로운 방식으로 채울 수 있는 시대를 맞이하고 있는지도 모른다. 바로 '인생 구독'이라는 개념으로 말이다.

'구독(購讀)'이라는 단어는 그 자체로도 흥미롭다. 한문 그대로 해석하면 '사서 읽다'라는 뜻으로 이해할 수 있다. 이는 단순히 어떤 것을 소유하는 행위를 넘어, 특정 대가를 지불하며 경험하고 지식을 얻는 과정과 맞닿아 있다. 과거에는 신문이나 우유처럼 정기적으로 배달받는 것이 구독의 전형적인 예였다. 하지만 오늘날 구독경제는 상품 소유에서 경험 공유로, 물리적 소비에서 정서적 연결로 패러다임을 전환하고 있다.

구독경제란 정기적으로 대가를 지불하고 서비스를 지속적으로 이용하는 경제 모델이다. 한때는 단순히 신문이나 잡지처럼 제한된 분야에서 사용되던 개념이 이제는 우리의 삶 전반으로 확장되었다. 오늘날에는 넷플릭스 같은 스트리밍 서비스, 매달 배송되는 의류, 심지어는 자동차, 주택, 인공위성까지 구독할 수 있다. 이제 AI 로봇의 구독 대중화도 눈앞에 있다. 상상조차 어려운 시대가 도래하고 있는 것이다.

이처럼 구독경제는 단순한 소유의 개념을 넘어선다. 소비자는 더 이상 제품을 사는 데 만족하지 않는다. 그들은 경험, 가치, 그리고 자신과 맞닿는 정서적 교감을 원한다. 구독은 그런 의미에서 경제적 행위를 넘어 삶의 방식으로 자리 잡아가고 있다.

📂 인생, 구독의 관점에서 바라보다

우리의 삶도 결국 구독경제와 놀랍도록 닮아있다. 우리는 모두 매일같이 시간이라는 가장 귀한 구독료를 지불하며 살아간다. 그런데 한번 생각해보자. 우리가 소유하고 있다고 믿는 집, 자동차, 스마트폰 같은 것들은 진정 우리의 것일까? 사실 우리는 그저 잠시 사용하고 있을 뿐이다. 죽음이라는 구독 종료 시점이 찾아오면, 결국 모든 것은 놓고 가야 한다. 구독경제의 핵심은 '소유'가 아니라 '이용'이다. 그리고 인생도 마찬가지다. 중요한 것은 얼마나 많은 것을 소유했느냐가 아니라, 얼마나 의미 있게 사용하고, 얼마나 깊이 경험했는지다.

📂 고객 생애 가치와 인생 팬덤, 헤어짐은 끝이 아니다

마케팅에서는 '고객 생애 가치(Customer Lifetime Value)'라는 개념이 있다. 이는 한 고객이 평생 동안 특정 브랜드에 기여할 수 있는 가치를 측정하는 것이다. 성공적인 구독경제는 단순히 일회성 구매로 끝나지 않는다. 고객과의 지속적인 관계, 충성도를 통해 장기적인 가치를 창출해야 한다.

구독의 경우 무료 체험 후 유료 전환율은 약 30%~50% 정도다. 즉 내가 베풀면 적어도 10명 중에 3명~5명은 나에게 다시 이익으로 돌아온다는 것이다. 헤어짐도 마찬가지다. 헤어지면 영원히 보지 않을 것 같아도, 어디선가 다 만난다. 구독자의 20%는 해지했다가 재가입하는 구독자다. 헤어짐이나 해지는 작별이 아니다. 헤어진 사람의 5명 중 1명은 다시 만날 수도 있다.

인생도 다르지 않다. 나의 삶을 구독하는 사람들, 즉 나와 관계를 맺고 나를 찾아주는 사람들이야말로 내 인생의 팬덤이다. 그들이 있기에 나의 인생은 고독이 아닌 구독이 된다. 그런데 이 팬덤은 저절로 생기지 않는다. 내가 먼저 주변 사람들에게 다가가야 한다. 그들의 어려움을 살피고, 숨겨진 취향을 이해하며, 진심으로 배려할 때 비로소 형성된다.

📁 고독한 인생을 구독하는 인생으로

인생의 고독은 결국 연결의 부재에서 온다. 나를 구독해주는 사람들이 없다면, 나와 관계를 맺고 나를 찾아주는 사람들이 없다면 우리는 필연적으로 고립된다. 그러나 반대로, 내가 누군가의 구독자가 되고, 또 누군가가 나의 구독자가 되는 관계가 형성된다면, 삶은 고독에서 벗어나 풍요로움으로 채워질 것이다.

여기서 중요한 것은 단순한 관계가 아니라 지속적인 관계다. 구독경제가 고객의 니즈를 세심히 분석하고 맞춤형 서비스를 제공하듯, 인생에서도 지속적인 신뢰와 교감이 필요하다. 이러한 관계가 깊어질수록 인생은 의미가 더욱 깊어지고, 삶은 더욱 풍요로워진다.

📁 AI 시대에도 구독은 연결의 힘이 될 것이다

우리는 지금, 고독이 아닌 구독으로 나아가야 할 시점에 서 있다. 이는 단지 개인적인 노력만으로 이루어질 수 없다. 빠르게 변화하는 시대에서 모두가 소외되지 않도록, 사회와 국가 차원의 체계적 논의와 실행이 필요하다. 교육, 일자리, 관계망, 그리고 문화적 지원은 모두 이러한 인생 구독의 기반이 된다.

특히 AI 시대에도 이러한 연결의 철학은 더욱 중요해진다. 기술이 발전하며 우리는 이전보다 훨씬 더 다양한 선택지를 얻을 수 있게 되었지만, 동시에 연결이 약화될 위험 또한 커지고 있다. AI가 인간의 관계와 소통을 대체하는 것이 아니라, 그것을 증폭하고 확장하는 도구가 될 때, 구독경제의 철학은 더 큰 가치를 발휘할 것이다.

삶은 우리가 생각하는 것보다 짧다. 시간을 구독료로 지불하며 살아가는 이 여정에서, 단순히 더 많은 것을 가지려고 노력하는 대신, 더 깊은 관계와 풍성한 경험을 구독하는 것이 중요하다. AI 기술로 구독경제가 더 정교해졌지만, 본질은 변하지 않았다.

"우리는 삶 그 자체를 구독 중이다."

・ ・ ・

SUBSCRIPTION ECONOMY

8장

강제 구독의 서막:
하이브리드 구독경제

하이브리드 구독 모델:
하드웨어와 소프트웨어의 결합

하이브리드 구독 모델이란, 하드웨어와 소프트웨어를 결합하여 일정 금액을 지불하면 지속적으로 최신 제품과 서비스를 이용할 수 있도록 하는 구독 방식이다. 이 모델은 소비자가 초기 비용 부담 없이 최신 기술을 경험할 수 있도록 하며, 기업은 안정적인 수익원을 확보하고 고객과의 장기적인 관계를 유지하는 데 도움을 준다.

📂 애플과 골드만삭스의 하이브리드 구독 프로젝트

애플은 2016년부터 하드웨어 판매 중심의 비즈니스 모델이 한계에 도달할 가능성을 염두에 두었을 것으로 보인다. 당시 스마트폰 시장은 성숙기에 접어들었고, 아이폰의 판매 성장률도 둔화되고 있었다. 하드웨어 매출 의존도가 높았던 애플은 지속적인 수익 창출을 위한 새로운 전략을 모색했을 가능성이 있다. 이러한 배경에서 애플은 금융기업 골드만삭스와 협력하여 새로운 구독경제 모델을 검토했을 것으로 추정된다.

2016년 10월, 골드만삭스의 애널리스트 시모나 잔코스키는 애플에 '애플 프라임'이라는 구독 서비스를 제안했다. 이는 아이폰 업그레이드, 애플 TV, 애플 뮤직 등 애플의 다양한 서비스와 제품을 하나로 묶어 월 구독료를 받는 모델로, 아마존 프라임과 유사한 개념이었다.

애플이 이를 골드만삭스와 논의한 이유는 단순한 하드웨어 판매를 넘어 장기적인 고객 관계를 구축하고 안정적인 수익원을 확보하기 위한 전략으로 보인다. 당시 애플은 아이폰 판매만으로도 충분한 수익을 올렸지만, 서비스 중심의 구독 모델을 고려하고 있었다.

이후 애플은 실제로 구독 모델을 확장해 애플 뮤직, 아이클라우드, 애플 TV+ 같은 소프트웨어뿐만 아니라, 2022년에는 아이폰 등 하드웨어까지 포함하는 방안을 추진 중이라는 언론 보도가 있었다. 이런 하이브리드 구독 모델로 소비자들은 초기 비용 없이 월정액만 내고 최신 기기를 계속해서 이용할 수 있다. 단순한 기기 소유에서 벗어나 '경험을 공유하는 구독 모델'로 변모하려 한 것이다.

이러한 구독 모델은 소비자들에게 초기 구매 부담을 줄여주고, 기업에는 지속적인 수익 창출과 고객 락인 효과를 가져다준다. 아이폰 구독 모델이 도입되면 소비자들은 최신 기기를 일정 기간마다 교체할 수 있고, 애플은 이를 통해 고객 이탈을 방지하여 생태계를 더욱 견고하게 만들 수 있다.

애플의 하이브리드 구독 전략은 하드웨어와 소프트웨어를 결합하여 지속적인 매출을 확보하는 것이 전략의 핵심으로 보인다. 애플 원과 같은 번들 서비스, 애플 카드(골드만삭스와 협력한 신용카드), 애플 페이와 같은 금융 서비스까지 포함하면서 애플은 단순한 기기 제조업체에서 '플랫폼 기업'으로 변화할 것이다. 이러한 변화는 향후 모든 구독 서비스가 하이브리드 모델로 발전할 것임을 예고하는 신호탄이라 할 수 있다.

📁 구독은 결국 하이브리드로 간다

최근 글로벌 빅테크 기업들은 AI 기능을 포함한 강제 구독 모델을 도입하기 시작했다. 예를 들어, 마이크로소프트는 2024년 1월, 클라우드 기반 사무용 설루션 M365의 개인 및 가족 버전에 생성형 AI 기능 '코파일럿'을 포함한다고 발표했다. 이에 따라 월 구독료도 세계적으로 약 3달러 인상되었으며, 한국에서는 개인용 기준으로 월 8,900원에서 12,500원으로 올랐다. AI 개발에 막대한 비용이 들면서, 그 부담을 소비자에게 전가하는 방식이라는 해석도 나오고 있다.

애플뿐만 아니라 여러 산업에서도 하드웨어와 소프트웨어를 결합한 하이브리드 구독 모델이 확산되고 있다. 특히 자동차업계에서 이러한 변화가 두드러진다. 과거에는 자동차 자체를 구독하는 서비스(예: 차량 리스)가 주를 이루었지만, 최근에는 자율주행, 커넥티드 기능, 차량 내 소프트웨어 옵션까지 별도의 구독 모델로 제공되는 추세다. 테슬라는 완전자율주행 기능을 월정액 구독으로 제공하고 있으며, BMW는 좌석 열선 기능조차도 구독 서비스로 전환하려고 했다. 하지만 극심한 반대 여론에 밀려 현실화하지는 못했다.

가전업계에서도 하이브리드 구독 모델이 확대되고 있다. 삼성전자는 기존 '비스포크 큐커'를 확장하여 오븐까지 포함한 주방 스마트 구독 가전 브랜드를 구축하였다. 또한, 삼성전자는 구독 모델을 활용하여 소비자가 식품을 정기적으로 구매할 경우 가전제품을 무료로 제공하는 형태의 전략을 도입한 바 있다. 지금은 스마트폰의 하이브리드 구독을 시작하고 있다. 삼성전자는 2025년 1월 24일부터 '뉴(New) 갤럭시 AI 구독클럽'에 갤럭시 S25 시리즈를 포함시켰다. 이는 고가 제품에 대해 구독 서비스를 더 확대해 판매 비중을 적극 늘리겠다는 포석으로 보인다. 갤럭시 S25(256GB) 일반 모델을 예로 들면 출고가는 115만5,000원으로 12개월 구독 시 1년 뒤 반값인 57만7,500원을 돌려받는다. 구독 과정에서 파손이나 수리 같은 부가 서비스도 받을 수 있다. 스마트폰이라는 하드웨어와 수리보험 서비스가 합쳐진 준 하이브리드 스타일이다.

현재는 스마트폰과 파손 보험 정도를 번들링 하는 수준이지만, 시간이 지나면 각종 소프트웨어와 AI 기능이 합쳐진 하이브리드형 구독으로 진화할 것으로 보인다 향후 스마트폰 하드웨어와 삼성모바일 내 소프트웨어를 결합한 하이브리드 구독 모델이 확산될 가능성이 크다.

예를 들어 삼성은 갤럭시 패스를 통해 삼성 녹스, 프리미엄 VPN 등의 보안 기능을 구독 형태로 제공할 수 있으며, AI 기반 실시간 번역, 사진 편집 등을 포함한 '갤럭시 AI & 스마트 어시스턴트' 모델도 도입할 가능성이 있다. 또한, 삼성 TV+와 외부 게임 패스, 클라우드 스토리지 등 디지털 콘텐츠 구독을 번들링 하는 구독 서비스도 고려될 수 있다. 하드웨어 판매를 넘어 소프트웨어와 플랫폼 결합하여 하이브리드 구독을 강화하는 전략을 펼칠 수도 있을 것으로 예상된다.

결국 모든 구독 서비스는 하이브리드화될 것이다. 과거에는 콘텐츠나 소프트웨어 중심의 구독 모델이 주류였지만, 이제는 하드웨어와 소프트웨어를 결합한 방식으로 발전하고 있다. 스마트폰, 자동차, 가전뿐만 아니라 의류, 헬스케어, 심지어 가구 산업에서도 유사한 변화가 진행될 가능성이 크다. 하드웨어 판매만으로 지속적인 성장이 어려운 시대가 도래하면서, 기업들은 구독 모델을 통해 고객과의 장기적인 관계를 형성하고 안정적인 수익을 창출하려는 전략을 강화하고 있다.

이제 소비자들은 제품을 '소유'하는 것이 아니라, '구독'하는 시대에 접어들었다. 그리고 이 구독 모델은 점차 하드웨어와 소프트웨어가 결합된 하이브리드 형태로 진화하며, 기업들은 이를 통해 새로운 시장을 개척하고 있다. 애플이 구상했던 하이브리드 구독 모델이 결국 현실화를 목전에 두고 있다. 물론, 공급망 관리 및 기기 회수 문제, 기존 판매 모델과의 충돌, 소비자의 소유권 선호 등 다양한 문제가 있겠지만 앞서 말한 것처럼 몇 년 내에 하이브리드 구독 시장 진출 소식이 들려올 것이라고 예상해본다. 하이브리드 구독은 단순한 트렌드가 아니라 앞으로의 경제 구조를 바꿀 중요한 변화이기 때문이다.

모빌리티:
자동차는 이제 무료다?

📁 **BMW: 엉덩이가 따뜻해지고 싶으면 돈을 내라**

2022년 7월, BMW는 차량의 열선 시트를 구독 형태로 제공하겠다고 발표했다. 원래 차량에 장착된 기능이었는데, 이를 매달 24,000원이나 내야 사용할 수 있다는 소식이 전해지자 소비자들은 크게 반발했다. 결국 BMW 코리아는 한국 시장에는 적용하지 않겠다고 물러서면서 해프닝으로 일단락되었다. 하지만 이것은 자동차 제조사들이 하드웨어 판매에서 소프트웨어 구독 모델로 전환하는 시대가 도래했다는 것을 알리는 신호탄이었다.

소프트웨어가 자동차 산업의 핵심으로 자리 잡으면서, 차량을 소유하는 개념이 점차 바뀌고 있다. 이제 자동차는 한 번 사면 끝나는 제품이 아니라, 지속적으로 비용을 지불해야 하는 '구독형 상품'이 되고 있다. 마치 프린터가 저렴하게 판매되지만, 잉크값이 훨씬 비싸게 책정되는 것처럼, 자동차의 핵심 기능이 점점 더 '구독'이라는 이름으로 제공될 가능성이 높아지고 있다.

📁 테슬라: 우리의 미래는 구독경제

2023년 9월, 테슬라의 주가는 하루 만에 10% 급등하며 시가총액이 약 100조 원 증가했다. 그 이유는 테슬라의 자율주행 AI 슈퍼컴퓨터 '도조(Dojo)'의 본격적인 가동 소식 때문이었다. 모건스탠리가 테슬라의 목표 주가를 대폭 상향하면서 기관 및 개인 투자자들의 관심이 집중되었고, 이는 주가 급등으로 이어졌다.

테슬라는 단순히 자동차를 판매하는 것이 아니라, '구독경제'의 최전선에서 게임의 룰을 바꾸고 있는 기업이다. 도조는 테슬라의 자율주행 AI를 학습시키는 두뇌 역할을 하며, 기존 엔비디아 GPU 기반의 자율주행 AI보다 최대 30배 빠른 연산 속도를 자랑한다.

이러한 기술적 진보를 바탕으로 테슬라는 완전자율주행 서비스의 구독료를 2024년 199달러에서 99달러로 인하했다. 소비자들에게는 가격 인하로 보일 수 있지만, 사실상 테슬라의 장기 구독자를 확보하려는 전략이다. 테슬라는 한 번에 12,000달러를 받고 완전자율주행 서비스를 판매하는 것보다, 매달 99달러씩 꾸준히 받는 것이 장기적으로 더 큰 이익을 창출한다고 판단한 것이다.

모건스탠리 분석에 따르면, 2025년까지 완전자율주행 구독 서비스는 테슬라 전체 매출의 6%를 차지할 것이지만, 이익률 기준으로는 25%를 차지할 전망이다. 즉, 구독 모델이 매출 대비 4배 이상의 수익성을 가진다는 뜻이다.

도조로 인해서 테슬라가 B2B 구독에 진출할 수도 있다. 예를 들어 테슬라가 현대차에 자율주행 관련 소프트웨어를 제공하고 그에 대한 비용을 받을 수도 있다. 자동차 기업 중에서 아직 자율주행 관련된 기술 또는 데이터를 확보하지 못한 회사들은 이런 구독 서비스를 이용할 여지도 있어 보인다. 테슬라는 단순한 자동차 제조사가 아니라, 자율주행 기술을 SaaS로 제공하는 기업으로 변모하고 있다.

📁 포드: 구독료를 내지 않으면 차가 폐차장으로 직행

자동차 할부금을 연체하면 어떻게 될까? 2021년 미국의 포드는 할부금을 내지 않는 고객의 차량을 원격으로 제어할 수 있는 특허를 출원했다. 초기에는 단순히 라디오나 내비게이션 기능을 차단하고, 이후 연체가 지속되면 차량의 도어를 잠가서 운전을 막는 방식이다. 만약 장기 연체자가 계속 돈을 내지 않는다면, 차량이 스스로 주행하여 포드 매장이나 폐차장으로 이동할 수도 있다.

이 특허는 차량이 이제 단순한 이동 수단이 아니라, 제조사가 원격으로 제어할 수 있는 디지털 플랫폼이 되었다는 것을 의미한다. 결국 소프트웨어로 하드웨어를 제어하는 모든 제품들은 제조사에서 컨트롤하는 것이 가능하다고 볼 수 있다.

포드의 시스템을 적용하면, 자동차 할부가 '소유권 이전'이 아니라 '사용권 임대'의 개념에 가까워질 가능성이 크다. 즉, 구독경제가 확산되면서 자동차조차도 소비자가 완전히 소유하거나 컨트롤할 수 없는 시대가 올 수도 있다.

만약 본인이 운전하지 않으면 멀미를 하는 사람이 있다고 하면 어떨까? 그런 사람들은 자율주행 시대가 오면 오히려 운전을 할 수 없으니, 더 고역일 수도 있다. 그런 사람들을 위한 구독 서비스가 나올 수도 있다.

애플 역시 자동차 구독경제에 관심을 보였던 기업 중 하나다. 2017년, 애플은 자율주행차에서 발생하는 멀미를 줄이기 위한 VR 기반 멀미 예방 시스템 특허를 출원했다. 이 기술은 VR 헤드셋을 활용해 가상현실을 조작함으로써 멀미를 예방하는 기능을 제공한다.

이를 기반으로 애플이 자동차에서 멀미 예방 기능을 구독 서비스로 제공할 수도 있다고 나는 생각한다. 예를 들어, 장거리 이동 중 멀미를 줄이기 위해 매달 일정 금액을 지불해야 하는 서비스가 등장할 수도 있는 것이다. 하지만 애플카 프로젝트가 난항을 겪으며 이 구독 서비스의 실현 가능성은 다소 불투명해졌다.

사실 이 서비스는 멀미 예방보다는 광고에 더 초점을 둔 것이라고 추정해볼 수 있다. 현재 자동차 창문에 디지털 화면을 띄울 수 있는 기술이 발전하고 있다. 즉, 외부 풍경을 보면서도 창문에 정보를 투사할 수 있기 때문에 지나가는 장소에 따라 식당, 상점 등을 안내하는 기능이 가능해진다. 결국 자동차는 단순한 이동 수단을 넘어, 광고를 제공하는 '달리는 스마트폰'으로 진화할 가능성이 높다. 애플이 바라본 미래는 단순한 멀미 예방이 아니라, 차량 내부를 광고 플랫폼으로 활용하는 것이다. 앞으로 자동차 제조사들이 이 기능을 어떻게 발전시켜나갈지 주목할 필요가 있다.

🗂 도요타: 우리 차는 오직 구독으로만 탈 수 있다

구독 모델이 자동차 산업의 미래가 될 것이라는 전망 속에서, 도요
타는 한발 앞서 자동차 자체를 오직 구독으로만 탈 수 있게 서비스했다.

2022년, 도요타는 일본에서 첫 전기 자동차 bZ4X를 출시하면서, 개
인 고객에게 차량을 판매하지 않고 오직 구독 모델로만 제공했다. 소비
자는 bZ4X를 소유할 수 없으며, 월 86만 원을 내야만 차량을 이용할 수
있다. 이는 자동차 구독경제의 최종 형태를 암시하는 모델이다.

🗂 자동차 구독경제의 미래: 우리는 소유하지 못하는 시대가 올까?

필자는 몇 년 전에 노트북을 샀는데, 프린터기를 공짜로 받았다. 그
런데 시간이 지나면서 정품 카트리지를 사는 비용이 프린터를 산 가격보
다 훨씬 많아졌다. 자동차도 같은 길을 걷게 될까? 기본 차량을 싸게 혹
은 공짜로 제공하고, 자율주행, 내비게이션, 열선 시트 등의 기능을 모두
구독으로 전환하면, 자동차 회사들은 그야말로 황금알을 낳는 거위가
될 것이다. 소비자들은 자동차를 탈 때마다 지속적인 비용을 지불해야
하고, 자동차를 '소유'하는 것이 아니라 '구독'하는 세상이 올 수도 있다.
강제 구독은 이미 우리 눈앞에 와 있다.

로봇:
왜 빅테크 기업들은 로봇에 집중하는가?

📂 로봇 구독, 선택이 아니라 필수다

AI 시대가 본격화되면서, 글로벌 빅테크 기업들은 단순한 소프트웨어 AI를 넘어 피지컬 AI(Physical AI), 즉 현실에서 동작하는 로봇에 주목하고 있다. 애플, 메타, 엔비디아, 구글, 테슬라와 같은 기업들은 AI와 로봇 기술을 결합한 차세대 산업을 준비하고 있으며, 인간과 협력할 수 있는 휴머노이드 및 자율 로봇을 개발하는 데 집중하고 있다.

메타는 AI와 증강현실(AR) 기술을 접목해 휴머노이드 로봇 개발에 착수했다. 중국 유니트리 로보틱스(Unitree Robotics), 미국 피겨 AI 등과 협력하며 AR의 손 추적(Hand Tracking), 저대역폭 컴퓨팅, 센서 기술을 로봇에 적용하려 한다. 이들은 단순히 기계적인 로봇을 만드는 것이 아니라, 사람처럼 움직이고 사고할 수 있는 로봇을 목표로 한다.

구글도 로봇 산업에 적극 투자 중이다. 미국 로봇 기업 앱트로닉(Apptronik)에 3억 5,000만 달러를 투자하며, 산업용에서 가정용으로 확장할 수 있는 AI 로봇을 개발하고 있다. 구글 딥마인드와 협력하며 AI 로봇의 자율성과 정밀성을 높이는 데 주력하고 있으며, 로봇을 자동차보다 저렴하게 만들겠다는 비전을 제시했다.

엔비디아는 CES 2025에서 피지컬 AI 시대를 선언하며, 로봇이 현실에서 더욱 정교하게 작동할 수 있도록 지원하는 코스모스(Cosmos) 플랫폼을 공개했다. 이 플랫폼은 AI 로봇이 디지털 트윈 환경에서 학습한 뒤 현실에서 동작할 수 있도록 지원하는 기술로, AI 로봇 개발의 한계를 극복하기 위한 핵심 기술로 평가받고 있다.

애플 역시 사용자 경험(UX)을 극대화하는 로봇 연구에 집중하고 있다. 픽사 스타일 램프 형태의 로봇을 연구하며, 인간과 로봇 간의 자연스러운 상호작용을 탐구하는 데 초점을 맞추고 있다. 애플이 연구하는 로봇은 단순한 도구가 아니라, 센서 및 소프트웨어 기술을 활용해 인간과 관계를 형성하는 것이 특징이다.

이처럼 글로벌 기업들이 로봇 기술을 적극적으로 개발하고 있는 이유는 분명하다. 미래 사회에서 인간과 로봇이 공존하는 것이 필연적이며, 이를 위한 기술적 준비가 필요하기 때문이다.

📁 무인 기기 및 로봇 구독 국내 현황과 배경

로봇이 커피를 내리고, 식당에서 서빙 하는 모습은 더 이상 우리에게 낯설지 않다. 그러나 이 기술적 진보보다 더 주목할 변화는 로봇이 '팔리는' 것이 아니라 '구독'되고 있다는 점이다. RX(Rental Transformation) 전문기업 프리핀스가 2025년 1월~2월 RX 의뢰 기업 전수조사를 실시한 결과, 렌탈 서비스 도입 상담이 가장 많았던 제조·판매 업종은 서빙 로봇·

청소 로봇·키오스크·테이블오더 등 무인기기 분야로 전체의 28%를 차지했다. 이는 전통적인 구독(렌털) 품목인 안마의자 등 헬스케어(24%), 정수기·커피머신 등 생활가전(10%)을 크게 앞서는 수치다.

특히 눈에 띄는 점은, 현재 서빙 로봇 등 서비스 로봇(RaaS, Robot as a Service)이 전체 로봇 시장에서 차지하는 비중은 7.2%에 불과하다는 것이다. 하지만 전문가들은 구독 모델이 확산될 경우 이 비중이 단기간에 급격히 커질 것으로 전망하고 있다. 초기 도입 부담이 줄고, 유지 보수와 업그레이드가 포함된 서비스 패키지가 제공되면 기업들의 도입 속도는 더 빨라질 수밖에 없다.

무인기기의 구독(렌털) 수요가 급증하는 배경엔 세 가지 요인이 있다.

첫째, 초기 도입 비용 부담이다. 무인기기는 일반 소비재보다 고가이며 유지 관리 비용도 만만치 않다. 하지만 구독 모델을 적용하면 초기 투자비를 월 비용으로 분산할 수 있어 도입 장벽이 낮아진다.

둘째, 소비 트렌드의 변화다. 프리핀스 조사에 따르면, 제조·판매사가 렌털·구독 모델을 도입하는 가상 큰 이유로 '판로 확장을 통한 매출 상승(35%)'이 꼽혔고, 그다음이 '소비 트렌드 변화 대응(29%)'이었다. 이는 소유보다 경험, 구매보다 구독을 중시하는 MZ세대 소비 흐름과 맞닿아 있다.

셋째, 기업 고객의 수요 다변화다. 무인 카페, 스마트 오피스, 병원 등 다양한 공간에서 로봇 수요가 발생하고 있으며, 이에 따라 서비스 로봇 시장도 빠르게 성장 중이다.

📁 로봇 구독이 불가피한 이유와 숙제

인간의 물리적 노동이 사라지고 자동화가 확산되는 시대, 로봇은 더 이상 선택이 아니라 생존 전략이 되고 있다. 특히 노동력 부족, 초기 비용 부담, 기술 진화 속도는 로봇의 '소유'보다 '구독'을 가속화하는 중이다.

노동력 부족과 고령화

일본에서는 농업 로봇 '모토맨'이 오이 농장에서 사람 10명이 2시간 동안 해야 할 일을 로봇 4대가 30분 만에 처리하고 있다. 이는 고령화로 인해 농업 노동력이 부족해지고 있기 때문이다. 한국에서도 웨어러블 로봇(입는 로봇)이 제조업과 물류업에서 도입되고 있으며, 고령 근로자의 노동력을 보완하는 역할을 하는 중이다.

초기 투자 비용 절감

로봇을 직접 구매하려면 수천만 원에서 수백억 원까지 비용이 필요하다. 하지만 서비스 로봇 구독 모델을 이용하면, 초기 비용 부담 없이 로봇을 도입할 수 있다.

AI 및 소프트웨어 업그레이드 필요성

AI 기반 로봇은 지속적인 업그레이드가 필요하다. 엔비디아의 코스모스 플랫폼처럼, AI 로봇이 가상 환경에서 학습하고 지속적으로 성능을 향상시킬 수 있도록 하는 기술이 등장하면서, 로봇을 구독하는 것이 더 합리적인 선택이 되고 있다.

하지만 제조·판매사들이 겪는 현실적 고민도 뚜렷하다. 프리핀스에 따르면, 구독(렌털) 전환을 앞둔 기업들의 가장 큰 애로사항은 '운영자금 융통 등 금융서비스 부족(41%)'이다. 구독과 렌털 사업은 선제적으로 대량의 제품을 매입하거나 생산한 후 점진적으로 수익을 올리는 구조이기 때문에 초기·중간 단계의 현금흐름 관리가 핵심 리스크로 떠오른다. 그 외에도 재고·물류 관리 솔루션 부족(25%), 렌털 특화 회계 시스템 부족(19%), 전문 인력 부족(14%) 등의 문제도 병존하는 게 현실이다.

📁 우리는 로봇 구독 시대를 맞이할 준비가 되었는가?

로봇 구독 서비스는 이제 단순한 기술적 트렌드가 아니라, 산업과 경제 구조를 바꾸는 필연적인 흐름이 되고 있다. 글로벌 빅테크 기업들이 AI 로봇과 피지컬 AI에 집중하는 이유는 단순히 혁신을 추구하는 것이 아니다. 노동력 부족, 비용 절감, AI의 지속적인 업그레이드 필요성 같은 구조적인 문제들로 인해, 기업들은 로봇을 소유하기보다 구독하는 것이 더 현실적인 선택이 되고 있다. 이는 단순한 산업용 로봇뿐만 아니라, 가정용 로봇, 의료·돌봄 로봇, 서비스 로봇까지 확대될 가능성이 크다.

과거 기업들은 대규모 설비와 자동화 장비를 직접 구매하여 사용했다. 그러나 초기 투자 비용이 높고, 기술이 빠르게 변화하면서 이런 방식은 점점 비효율적인 모델이 되고 있다. 특히 AI 기반 로봇은 지속적인 소프트웨어 업그레이드가 필요하며, 이는 단순한 일회성 투자로 해결될 수 없는 문제다. 이 때문에 로봇을 '소유'하는 것이 아니라, '구독'하는 모델이 더 적합한 경제 구조로 자리 잡고 있다.

한국에서도 로봇 구독 모델이 빠르게 확산되고 있다. LG전자, 우아한형제들, 두산로보틱스 등 국내 기업들은 외식업, 배달, 제조업 등에서 로봇 구독 모델을 도입하며 사업을 확장하고 있다. LG CNS는 2025년 사족보행 로봇, 2026년에는 휴머노이드 로봇까지 구독으로 제공할 계획이다. 이는 단순한 실험적 도입이 아니라, 로봇이 본격적으로 생활과 산업의 필수 요소가 되어가고 있다는 것을 의미한다. 이러한 흐름은 산업 현장뿐만 아니라 가정에서도 이어질 가능성이 크다. 로봇이 일상에서 서빙, 요리, 청소, 돌봄 등의 역할을 수행하는 날이 머지않았다.

구독(렌털) 시장은 이제 더 이상 정수기·안마의자에 머무르지 않는다. 로봇·무인기기, 의료기기, 산업 장비 등 고가의 B2B 기기로 확대되고 있으며, 서비스 로봇 구독 모델로의 전환은 제품 제조사들의 수익 구조를 바꾸고 있다. 고객과의 장기 계약을 통해 예측 가능한 현금흐름을 창출하고, 사용 데이터를 기반으로 서비스를 개선하며, 제품을 플랫폼화하는 기업만이 다음 시장의 주도권을 잡을 것이다.

이제 우리는 '로봇 구독'이라는 개념이 단순한 비용 절감 차원을 넘어, 새로운 산업 패러다임을 만든다는 사실을 인식해야 한다. 로봇이 단순한 보조 역할을 넘어 산업을 재편하고 경제 구조를 변화시키는 핵심 기술로 자리 잡는 시대가 오고 있다.

AI와 로봇이 결합된 미래 사회에서, 우리는 로봇을 단순히 '사용하는 도구'로 여길 것인가, 아니면 '필수적인 동반자'로 받아들일 것인가? 로봇을 구독하는 시대는 이미 시작되었으며, 이 변화를 어떻게 활용할지는 각 기업과 개인의 선택에 달려 있다.

헬스케어:

부자 노인은 9년, AI 구독자는 20년을 더 산다

2024년 12월 23일, 대한민국이 공식적으로 '초고령 사회'에 진입했다. 65세 이상 노인 인구가 전체 인구의 20%를 넘어섰다. 저출산과 베이비붐 세대의 고령화가 만든 시대적 변화다. 2017년 '고령사회(노인 비율 14%)'가 된 지 불과 7년 만에 '초고령 사회'로 전환한 속도는 세계 최고 수준이다. 일본(11년), 독일(34년), 프랑스(38년), 스웨덴(42년)과 비교해도 압도적이다.

한국인의 기대 수명은 꾸준히 증가하고 있다. 세계보건기구(WHO)는 한국이 조만간 일본을 넘어 세계 최장수 국가가 될 것이라 전망한다. 하지만 단순히 오래 사는 것보다 중요한 것은 '어떻게' 사느냐다. 건강하게 오래 사는 '건강 수명'은 소득 수준에 따라 크게 차이 난다. 2025년 1월 대한의학회지에 윤석준 고려대 의대 예방의학교실 교수 연구팀이 발표한 연구에 따르면 2008년 한국인의 건강 수명은 68.89세였으나, 2020년 71.82세로 12년 동안 2.93년 증가했다. 2020년 기준 여성의 건강 수명은 73.98세로 남성(69.43세)보다 4.55년 더 길었다.

건강보험료 납부액을 기준으로 소득계층을 1분위(최저)~5분위(최고)로 구분했을 때, 2020년 5분위의 건강 수명은 74.88세로, 1분위의 66.22세보다 8.66년 더 길었다. 이 격차는 2008년 7.94년에서 2012년 6.72년으로 줄었지만 이후 지속적으로 늘어나는 추세다. 부자가 가난한 사람보다 평균 8.66년을 더 건강하게 사는 사회, 과연 이는 피할 수 없는 숙명일까?

그러나 건강 수명 격차를 결정하는 요인은 단순히 소득만이 아니다. 우리는 이미 새로운 가능성을 목격하고 있다. AI 헬스케어 기술이 본격화되면서 이러한 건강 불평등조차 새로운 국면을 맞이하고 있다. 한국경제 2025년 1월 5일자 1면 헤드라인에 다음과 같은 제목이 실렸다. "AI 주치의, 인간수명 20년 늘려준다" 이 말은 더 이상 공상과학 소설의 한 장면이 아니다. AI의 조기 진단 기술, 맞춤형 치료, 그리고 예방 의료는 인류의 건강 수명을 20년 이상 연장할 수 있다는 가능성을 제시하고 있다. AI는 사람들에게 건강 수명을 연장할 새로운 도구를 제공하고, 더 나아가 삶의 질을 높이는 데 초점을 맞추고 있다. 구독경제를 통해 질병 관리에 드는 비용과 시간을 획기적으로 줄이면서 더 많은 사람들이 혜택을 누릴 수 있는 시대가 열리고 있다.

AI를 활용한 개인 맞춤형 건강관리가 보편화되면서, 경제적 여건과 상관없이 건강을 '구독'할 수 있는 시대가 열리고 있다. 데이터 기반의 조기 질환 예측, 생활 습관 교정, 맞춤형 식단과 운동 계획까지. AI가 제공하는 건강관리 시스템은 부자들만이 아닌 모두에게 '추가 20년'을 선물할 수 있다. 물론 구독이 무료는 아니다. 하지만 조기 예방과 질병 감소로 인해 국가의 건강보험 부담과 개인의 의료비 지출이 줄어들 수 있다. 장기적으로 보면 정부나 사회가 AI 헬스케어 구독을 지원하는 것이 경제적으로 더 이익일 수 있다.

부자 노인은 9년을 더 살고, AI 헬스케어 구독자는 20년을 더 산다. 우리는 어떤 미래를 선택해야 할 것인가?

📁 애플: 홈트레이닝 구독 서비스 애플 피트니스+

"우리는 세상에서 가장 큰 헬스클럽이다."

애플이 2021년에 '애플 피트니스+'를 대대적으로 업데이트하면서 발표했던 내용이다. 애플 피트니스+는 애플 TV, 아이폰, 아이패드 등을 통해 요가를 비롯한 운동 영상을 따라 하면서 애플 워치로 자신의 운동 결과를 측정할 수 있는 홈트레이닝 구독 서비스다.

애플에 따르면 2024년 초 전 세계적으로 22억대 이상의 아이폰, 아이패드, 맥 등 애플 기기가 활성화되어 있다고 한다. 그중 10%만 홈트레이닝에 사용한다고 해도 2억 개 이상의 피트니스다. 절반이 사용한다고 가정하면 10억 개 이상의 피트니스센터 효과가 있으니, 애플이 세상에서 가장 큰 헬스클럽이라고 말하는 것도 전혀 허황된 말은 아니다.

📁 펠로톤: 헬스케어 하이브리드 구독 모델

헬스케어 구독은 크게 하드웨어 구독, 서비스 구독 그리고 하드웨어와 소프트웨어를 구독하는 하이브리드 구독으로 나누어서 볼 수 있다. 자동차나 의료 장비 자체를 구독하는 것이 하드웨어 구독이고, 의료 시스템을 구독하는 것이 소프트웨어 구독이다. 이 두 가지를 합쳐서 구독하는 것이 하이브리드 구독이다. 보통 기업은 이 세 가지 비즈니스 모델을 사용한다.

대표적으로 피트니스 구독 분야에서 미국의 펠로톤(Peloton)이라는 기업이 매우 유명하다. 이 회사는 월 구독료로 자전거와 러닝머신 관련 콘텐트 라이브러리를 무제한으로 볼 수 있다. 22인치 TV가 장착된 자전거를 팔기도 하지만, 자전거를 구매하지 않고도 관련 콘텐트만을 구독할 수도 있다. 펠로톤은 양방향 소통형의 스트리밍을 통해서 다 같이 운동하는 느낌을 받을 수도 있고, 수천 개의 운동 프로그램을 보면서 운동의 방향성을 정할 수도 있다. 실내 피트니스 구독 서비스의 인기에 힘입어 2019년에 나스닥에도 상장했다.

펠로톤과 관련된 재밌는 일화도 있다. 조 바이든 전 미국 대통령은 당선 후 백악관 입성을 위해 이삿짐을 싸면서 가져가지 못한 게 있는데 바로 펠로톤의 실내 자전거다. 조 바이든 대통령이 백악관에 펠로톤을 가져가지 못한 이유는 보안 때문이었다. 펠로톤 자전거엔 사용자들끼리 소통 가능한 카메라와 마이크가 내장된 터치스크린이 부착돼 있었는데 이 카메라와 마이크를 통해 보안이 노출될 우려가 있어 백악관에 가져가지 못했다고 한다.

📁 의료 시장: AI와 결합한 전문적인 의료 서비스

건강관리, 원격진료, 약 구독 서비스 등 의료 구독 서비스는 일상적인 구독 건강관리 영역에서 전문적인 의료 서비스로 진화하고 있다. 환자의 나이, 건강 상태, 기저 질환 등을 고려한 개인화된 전문적 건강관리 및 원격진료 서비스, 의약품 배송 등의 서비스로 진화 중인 것이다.

포워드: 건강검진 및 의료 서비스

미국 샌프란시스코에 위치한 포워드(Forward)의 월 149달러짜리 구독 서비스에 가입하면 보험에 가입되어 있지 않은 구독자들도 24시간 건강 검진을 받을 수 있다. 포워드가 제공하는 의료 서비스에는 첨단 의료 기기와 유전자 분석 기법을 통한 환자 상태 진단 및 질병 발생 여부 등이 포함되어 있다.

포워드는 의사들이 세운 병원이 아니라 구글, 우버 등 실리콘밸리의 엔지니어들이 함께 의기투합해 세운 병원이다. 덕분에 AI 기술을 겸비한 의료 서비스를 제공한다는 점이 특이한 점이라고 할 수 있다.

텔라닥: 기업과 직원 단위의 원격진료 구독 서비스

텔라닥 헬스(Teladoc health, TDOC)는 대표적인 원격진료 기업으로 B2B 구독 모델을 제공하고 있다. 텔라닥 헬스에 가입된 유료 기업 고객 수는 약 9천만 명이고, 직장 건강보험 가입자를 대상으로 직원 1인당 연 구독료 30달러를 받고 있다. 가족 단위 직원의 경우 구독료 50달러에 의료 서비스를 제공하는 중이다.

아마존 프라임의 알엑스패스: 월 5달러로 약품 구독 서비스

전 세계 최대 전자 상거래 업체인 아마존은 유료 구독제인 아마존 프라임 고객을 상대로 약 구독 서비스를 2023년부터 제공하고 있다. '알엑스패스(RxPass)'로 불리는 이 서비스는 월회비 5달러에 혈압약, 당뇨약 등 복제약(제네릭) 50여 종이 제공된다.

혈압약과 항우울제를 한 번에 5달러에 살 수는 없기 때문에 아마존이 수익을 내기 위해 이 사업을 시작했다기보다는 제약 서비스 고객 확보와 헬스케어 시장을 선점하기 위한 것으로 보인다.

CES 2025에서는 AI 기술이 다양한 헬스케어 분야에 적용되며, 구독 기반 비즈니스 모델과 결합해 발전하고 있다는 것을 보여주었다. 이제 우리는 질병 예측부터 아기 돌봄까지 모든 것을 구독할 수 있는 시대에 접어들고 있다.

이번 CES 2025에서는 다양한 AI 기반 헬스케어 설루션이 공개되었다. 프랑스 스타트업 위딩스는 웨어러블 기기와 체중계 등의 데이터를 통합해 제공하는 스마트 거울을 선보였다. 이를 통해 사용자는 건강 상태를 모니터링할 수 있으며, 필요시 원격진료 서비스도 받을 수 있다. 또한 가정에서 소변검사를 통해 비타민C, 케톤, pH 수준을 체크할 수 있는 기기까지 출시될 예정이다.

폴란드의 스테토미(StethoMe)는 가정용 청진기를 공개해 의사 방문을 최소화할 수 있도록 지원한다. 한국의 텐마인즈는 AI를 활용해 코골이를 완화하는 기능을 가진 스마트 베개를 선보이며 수면 건강관리의 새로운 패러다임을 제시했다.

일본의 기린 홀딩스는 인체에 무해한 미세 전류를 이용해 짠맛을 내는 전기 소금 숟가락을 소개했다. 이를 통해 나트륨 섭취를 줄이면서도 기존의 맛을 유지할 수 있는 혁신적인 건강관리 방식이 제시되었다. 더 흥미로운 점은 몇 년 전에는 단맛을 내는 숟가락도 소개했었다는 점이다. 결국 건강하게 단맛, 짠맛을 다 즐길 수 있게 된 셈이다.

📁 헬스케어의 미래, 결국 구독으로 귀결된다

CES 2025에서 공개된 다양한 헬스케어 기술들은 모두 하나의 공통점을 가진다. 바로 '구독 기반 서비스'로 발전할 가능성이 크다는 점이다.

스마트 거울, 웨어러블 건강관리 기기, AI 기반 수면 개선 베개, 질병 예측 시스템 등은 초기 구매 비용을 낮추고 지속적인 데이터 제공 및 관리 서비스를 포함한 구독 모델로 전환될 것이다. 이처럼 헬스케어 산업은 점점 구독 모델로 발전하며, 개인 맞춤형 건강관리가 새로운 표준이 되고 있다.

AI 헬스케어 기술이 본격화되면서 건강 불평등조차 새로운 국면을 맞이하고 있다. 과거에는 경제적 여건에 따라 건강 격차가 발생했다. 전문가들은 AI로 인하여 인간의 평균수명이 120세까지도 가능할 거라고 한다. 100세 시대에서 120세 시대로 20년을 더 사는 것이다. AI의 조기 진단 기술, 맞춤형 치료, 그리고 예방 의료는 건강 수명을 연장할 가능성을 제시하고 있다.

AI는 사람들에게 건강 수명을 연장할 새로운 도구를 제공하고, 더 나아가 삶의 질을 높이는 데 초점을 맞추고 있다. 구독경제를 통해 질병 관리에 드는 비용과 시간을 획기적으로 줄이면서 더 많은 사람들이 혜택을 누릴 수 있는 시대가 열리고 있다. AI를 활용한 개인 맞춤형 건강관리가 보편화되면서, 경제적 여건과 상관없이 건강을 '구독'할 수 있는 시대가 도래했다.

데이터 기반의 조기 질환 예측, 생활 습관 교정, 맞춤형 식단과 운동 계획까지 AI가 제공하는 건강관리 시스템은 부자들만이 아닌 구독자 모두에게 건강한 삶을 제공한다. 물론 구독이 무료는 아니다. 하지만 조기 예방과 질병 감소로 인해 국가의 건강보험 부담과 개인의 의료비 지출이 줄어들 수 있다. 장기적으로 보면 정부나 사회가 AI 헬스케어 구독을 지원하는 것이 경제적으로 더 이익일 수 있다.

현재까지 부유층이 평균적으로 8.66년 더 건강하게 산다는 연구 결과가 있었지만, AI 헬스케어 구독이 보편화되면서 이러한 건강 수명의 격차가 줄어들 가능성이 커지고 있다. 우리는 어떤 미래를 선택해야 할 것인가? AI 헬스케어 구독이 새로운 시대의 필수 요소가 되어가고 있으며, 정부와 지자체, 기업이 함께 나서야 하는 이유가 여기에 있다. AI와 데이터 분석 기술의 발전으로 인해 우리는 건강관리조차 구독하는 시대를 맞이하고 있다.

OTT와 커머스:
구독의 경계를 허물다

📁 **OTT 구독료 인상에 따른 소비자 선택 변화: 광고형 요금제 부상**

OTT 시장이 급변하고 있다. 2025년 1월 한국콘텐츠진흥원의 '2023년과 2024년의 OTT 이용행태 비교분석' 보고서에 따르면 OTT 이용률은 2023년 86.5%에서 2024년 89.3%로 2.8%포인트 증가했다. 그러나 유료 OTT 이용률은 오히려 감소했고, 무료 OTT 이용률은 증가했다. 이러한 변화의 핵심 원인은 구독료 인상과 소비자의 비용 부담 증가에 있다.

OTT 시장에서 구독료 인상은 계속해서 논란이 되어왔다. 2023년 하반기부터 2024년 상반기까지 넷플릭스, 디즈니플러스, 티빙, 쿠팡플레이 등이 구독료를 인상했다. 넷플릭스는 2025년 5월 한국에서 광고형 스탠다드와 베이식 구독료를 인상하였다. 이에 따라 소비자들은 단순 유료 구독보다 더 경제적인 대안을 찾기 시작했다.

실제로 2024년 유료 OTT 이용률은 53.4%로 2023년 대비 1.8%포인트 줄었다. 반대로 무료 OTT 이용률은 전년 대비 6.9%포인트 늘어난

85.1%를 기록했다. 이는 소비자들이 유료 구독보다는 무료 모델을 더 선호하고 있다는 것을 보여준다.

📁 광고형 요금제의 부상

OTT 플랫폼들은 구독자의 부담을 낮추면서도 지속적인 수익을 확보하기 위해 광고형 요금제를 적극 도입하고 있다. 넷플릭스와 티빙은 광고형 요금제를 통해 기존보다 저렴한 가격에 콘텐트를 제공하고 있으며, 이에 따라 광고형 요금제의 이용자가 빠르게 증가하고 있다.

넷플릭스는 2022년 11월 광고형 요금제를 출시한 이후 2023년 11월 1,500만 명, 2024년 11월 기준 7,000만 명으로 1년 만에 이용자가 4.6배 급증했다. 넷플릭스는 2024년 11월부터 네이버플러스 멤버십과 제휴를 맺고 광고형 요금제를 네이버플러스 멤버십 이용자에게 별도 요금 없이 번들로 제공하기 시작했다.

📁 통신사·플랫폼과의 제휴 모델 확대

OTT 구독료가 인상되면서 소비자들은 개별 구독보다 통신사, 플랫폼과의 결합 상품을 통한 할인 혜택을 선호하는 경향을 보이고 있다. 보고서에 따르면, 이용자들은 제휴, 광고 요금제 등 다양한 요금 조합을 통해 유료 OTT 구독 비용을 절감하는 방식을 찾고 있다.

이러한 변화 속에서 티빙은 2025년 1월 모든 이용권을 최대 3개월간 50% 할인가로 제공하는 프로모션을 진행하였다. 넷플릭스는 네이버플러스 멤버십과 제휴를 통해 광고형 요금제를 추가 요금 없이 제공하고 있다. 이는 OTT 사업자들이 단독 구독 모델에서 벗어나 다양한 구독 방식과 제휴 모델로 확대하고 있다는 것을 보여준다.

📁 숏폼 콘텐트의 급성장

OTT 시장에서의 변화는 단순히 요금제와 제휴 모델뿐만이 아니다. 한국콘텐트진흥원 조사에 따르면 숏폼 콘텐트 이용률이 69.6%로 증가했으며, 10대(85%), 20대(84.9%)뿐만 아니라 50대(63.3%), 60대(54.3%), 70대 이상(40%) 등 중장년층에서도 이용률이 높아지고 있다. 특히 1분 뉴스, 숏폼 드라마 등 처음부터 숏폼으로 제작된 콘텐트를 선호한다는 응답이 78.6%로 영화, 드라마, 예능 등 기존 미디어 콘텐트를 짧게 만든 콘텐트를 선호한다는 응답(59.8%)보다 많았다.

이러한 트렌드는 소비자들이 가성비(가격 대비 만족도)뿐만 아니라 시성비(시간 대비 만족도)도 중요하게 여긴다는 점을 보여준다. OTT 사업자들은 짧은 시간 안에 몰입할 수 있는 콘텐트 제작을 강화하고 있으며 유튜브, 틱톡 등과의 경쟁이 심화되고 있다.

📁 OTT와 커머스의 결합

OTT 플랫폼들이 지속적으로 광고형 모델을 확대하는 가운데, 커머스와의 결합 가능성도 점점 커지고 있다. 넷플릭스, 디즈니플러스, 티빙 등의 플랫폼들은 광고를 단순히 노출하는 것이 아니라, 직접적인 구매 연결이 가능한 '커머스형 광고' 도입 방안을 고려하고 있다.

현재 네이버는 네이버플러스 멤버십을 통해 OTT와 커머스를 연계하는 전략을 추진 중이며, 쿠팡플레이는 쿠팡의 커머스 데이터와 연계하여 OTT 내 쇼핑 기능을 강화하는 방안을 모색 중이다. 이는 OTT가 단순히 영상 시청 플랫폼을 넘어, 소비자들의 쇼핑 경험까지 연결하는 새로운 형태의 서비스로 발전할 가능성을 보여준다.

OTT 시장의 변화는 이제 단순한 콘텐츠 소비 방식의 변화가 아니라, 새로운 비즈니스 모델의 전환을 의미한다. 앞으로 OTT와 커머스의 융합이 어디까지 진화할지, 그 방향성이 주목된다.

📁 콘텐트 커머스 시대의 개막

디지털 환경이 급변하면서 전통적인 이커머스 방식이 변화하고 있다. 과거 이커머스는 소비자가 원하는 상품을 직접 검색하고 구매하는 '목적 구매' 위주였다. 그러나 이제는 시간 절약과 맞춤형 쇼핑을 제공하는 콘텐트 커머스로 패러다임이 변화하고 있다. 이는 단순한 상품 판매가 아니라, 소비자가 콘텐트를 즐기면서 자연스럽게 소비 욕구를 자극받아 구매로 연결되는 방식이다.

대표적인 사례로 유튜브 콘텐트 '네고왕'을 들 수 있다. 2020년 첫 방영된 '네고왕'은 브랜드 대표와 협상하여 제품 가격을 낮추고, 소비자에게 실질적인 혜택을 제공하는 형식으로 진행되었다. 첫 회차에서 BBQ 치킨의 경우 7,000원 할인 프로모션을 통해 주말 매출이 65억 원을 기록하며 전년 동기 대비 88% 증가하는 성과를 거두었다. 또한, BBQ 멤버십 가입자 수도 3일간 29만 명 증가하는 등 단순한 매출 상승을 넘어 장기적인 고객 확보에도 기여했다. 이는 콘텐트가 소비자의 관심을 끌고 직접적인 구매 행동을 유도하는 콘텐트 커머스의 대표적인 성공 사례로 볼 수 있다.

📂 이커머스 기업들의 콘텐트 커머스 전략: AI와 구독

국내 이커머스 기업들은 콘텐트 커머스를 적극적으로 도입하며 차별화된 전략을 펼치고 있다. 네이버는 자체 숏폼 서비스 '클립'을 론칭하여 네이버 앱 첫 화면에서 숏폼 영상 접근성을 강화했다. 사용자는 클립 내에서 특정 장소를 태그하면 '네이버 플레이스'로 연결되어 예약이 가능하고, 특정 상품을 클릭하면 '네이버 스마트스토어'에서 바로 구매할 수 있도록 구성하였다. 이는 AI 기반 추천 시스템과 연계하여 더욱 정교한 개인화 쇼핑 경험을 제공한다.

쿠팡은 유튜브의 '유튜브 쇼핑 제품 프로그램'에 파트너시로 참여하며 크리에이터가 쿠팡 제품을 콘텐트에 태그할 수 있도록 지원하고 있다. 시청자는 해당 태그를 클릭해 제품을 구매할 수 있으며, 크리에이터는 이에 대한 수익을 얻는 구조를 구축하여 자연스럽게 소비자 유입을 유도하고 있다. AI가 크리에이터의 콘텐트 스타일과 시청자 데이터를 분석하여 최적의 제품을 추천하는 것이 특징이다.

이러한 전략은 기존 이커머스의 '목적 구매' 방식에서 벗어나, 소비자들이 콘텐트를 소비하는 과정에서 자연스럽게 쇼핑까지 연결되도록 하는 것이 핵심이다.

콘텐트 커머스의 성공을 위해 가장 중요한 요소 중 하나는 '구독'이다. 단발성 구매가 아닌, 지속적인 관계 형성을 통해 고객을 락인하는 전략이 필요하다.

구독 기반의 소비 패턴 확산

기존에는 제품을 한 번 구매하는 방식이 일반적이었다면, 이제는 정기 구독을 통해 제품이나 서비스를 지속적으로 제공받는 모델이 대세가 되고 있다. 넷플릭스, 유튜브 프리미엄, 아마존 프라임 등 다양한 구독 서비스가 성공하면서, 이커머스에서도 구독 모델이 중요한 역할을 하게 되었다.

AI와 구독 모델의 결합

AI는 소비자의 데이터 분석을 통해 맞춤형 구독 서비스를 더욱 정교하게 제공한다. 개인의 관심사와 행동 패턴을 기반으로 맞춤형 상품을 추천하고, 최적의 시기에 프로모션을 제공하는 것이 가능해졌다.

- 충성 고객 확보: 한 번의 구매가 아닌, 지속적인 관계를 유지하며 브랜드에 대한 충성도를 높일 수 있다.
- 예측 가능한 매출 구조: 정기 구독 모델을 통해 안정적인 매출을 확보할 수 있다.
- 데이터 기반 맞춤 추천 가능: AI가 구독 데이터를 학습하여 고객의 취향을 분석하고, 개인별 맞춤형 제품 및 콘텐트를 제공한다.

📁 콘텐트 커머스에서 구독의 성공 사례

대표적인 이커머스 기반 구독 모델로는 '쿠팡 와우 멤버십'을 들 수 있다. 쿠팡은 유튜브 쇼핑 제품 프로그램과 연계하여 크리에이터가 제품을 홍보하고, 소비자는 지속적으로 새로운 추천 제품을 접할 수 있도록 했다. AI는 이러한 구독 모델과 연계해 사용자 데이터를 분석하고, 관심 상품을 자동으로 추천하는 기능을 강화하고 있다.

이커머스의 패러다임이 단순한 목적 구매에서 콘텐트 커머스로 변화하고 있다. 콘텐트 커머스는 소비자가 콘텐트를 즐기면서 자연스럽게 소비 욕구를 자극하는 방식으로, 기존의 라이브 커머스나 단순 상품 설명과 차별화된다.

특히 AI 기반 추천 시스템, 숏폼·배속 콘텐트 등의 기술 발전과 함께, 콘텐트 커머스에서 '구독'이 핵심 요소로 떠오르고 있다. AI는 소비자의 시간을 절약하고, 맞춤형 쇼핑 경험을 제공하며, 구독 모델을 통해 지속적인 관계를 유지할 수 있도록 돕는다.

결국 콘텐트 커머스가 성공하기 위해서는 AI 기술을 적극 활용하여 소비자 경험을 개인화하고, 구독 모델을 통해 장기적인 고객 관계를 구축하는 전략이 필수다. 앞으로의 이커머스는 콘텐트 소비와 쇼핑이 결합된 새로운 방식으로 발전해나갈 것이며, 기업들은 이를 적극적으로 활용해야 할 것이다.

왜 아마존은 넷플릭스,
스티브 잡스는 디즈니를 인수하려고 했는가?

📁 아마존과 넷플릭스: OTT와 커머스의 불가분 관계

아마존은 자사의 커머스 사업을 확장하면서 OTT와의 연관성을 일찍이 깨닫고 있었다. 이에 따라 넷플릭스 인수를 검토했으나, 높은 가격 때문에 적극적으로 추진하지는 못했다. 아마존 관련 흥미로운 이야기를 담은 『아마존 언바운드(Amazon Unbound)』에 따르면 다음과 같은 내용이 나온다.

> "아마존은 넷플릭스를 인수하려고 몇 년 동안 검토했지만
> 제시된 가격이 너무 높아서 적극적으로 추진하지는 못했다.
> 대신 아마존은 프라임 회원(구독자)에게 동영상 서비스를
> 무료로 제공하기로 했다."

넷플릭스를 인수하지 못한 대신, 아마존은 '프라임 비디오'라는

OTT 서비스를 도입했다. 초기에는 내부적으로 '굳이 이런 서비스를 제공할 필요가 있냐'는 회의적인 의견도 많았다. 하지만 아마존 프라임의 최대 강점인 빠른 무료 배송이 경쟁사들에 복제되면서, OTT 제공이 큰 차별화 요소로 작용하게 되었다. 같은 책에서는 "프라임 회원 중 일부는 아마존 사이트에서 1년에 겨우 몇 차례만 주문하더라도 아마존 프라임 비디오를 보기 위해서 구독을 지속한다."라고 설명하고 있다. 결국 아마존은 넷플릭스 인수라는 직접적인 전략은 실패했지만, 자체 OTT 서비스로 구독자 락인 효과를 극대화하며 미국 OTT 시장에서 2위를 차지하는 데는 성공했다.

이러한 아마존의 전략은 한국에서도 유사하게 적용되고 있다. 예를 들어, 쿠팡은 아마존의 구독 멤버십 전략을 벤치마킹하여 '쿠팡플레이'를 출시했다. 특히 'SNL 코리아'와 같은 화제성 있는 오리지널 시리즈를 통해 구독자를 락인하고 있으며, 쿠팡의 구독료 인상에도 불구하고 '쿠팡플레이'를 보기 위해 구독을 유지한다는 소비자 반응이 나오고 있다. 이는 OTT와 커머스의 결합이 단순한 선택이 아니라 필수 전략이라는 것을 보여준다.

사실 필자도 쿠팡플레이의 SNL 코리아를 보기 위해 와우 멤버십을 구독하고 있다. 결국 1년에 몇 번밖에 하지 않는 쇼핑이지만, 구독료가 아까워서 그 쇼핑을 쿠팡에서 하게 된 셈이다.

📁 애플과 디즈니: 스티브 잡스의 꿈

OTT 서비스에 대한 관심은 아마존만의 이야기가 아니다. 애플의 전 CEO인 故 스티브 잡스 역시 동영상 스트리밍 구독 서비스에 깊은 관심을 보였다. 디즈니 CEO 밥 아이거의 자서전에 따르면, 스티브 잡스는 생전에 디즈니와의 합병을 고려했으며, 만약 그가 여전히 살아 있었다면 두 회사가 합병했을 가능성이 크다고 말한다. 아이거는 "하나의 플랫폼을 통해 영화와 TV 프로그램, 스포츠 중계, 뉴스 등을 배급하고 싶다는 아이디어를 스티브 잡스와 공유했으며, 만약 잡스가 여전히 살아 있었더라면 서로는 회사를 합쳤을 것이고 적어도 그 가능성을 진지하게 논의했을 것"이라고 밝혔다.

애플은 현재 애플 TV+를 운영하고 있지만, 넷플릭스나 디즈니+와 비교하면 오리지널 콘텐츠나 시장점유율에서 다소 밀리고 있다. 스티브 잡스가 살아 있었다면 애플은 넷플릭스나 디즈니와 경쟁하는 것이 아니라, 직접 디즈니를 인수하여 시장을 장악하려 했을 가능성이 크다. 이는 콘텐츠가 단순한 소비재가 아니라, 구독경제의 핵심 자산이 될 수 있다는 것을 보여준다.

📂 OTT와 커머스: 구독경제의 핵심 축

아마존과 애플의 사례는 OTT 서비스가 단순한 엔터테인먼트 비즈니스가 아니라, 구독경제의 핵심 요소라는 것을 알 수 있다. 아마존이 넷플릭스를 인수하려 했던 이유, 스티브 잡스가 디즈니와의 합병을 원했던 이유는 모두 같은 맥락에서 해석될 수 있다. OTT는 단순히 영상을 제공하는 것이 아니라, 구독자의 지속적인 참여를 유도하고 락인 효과를 극대화하는 전략적 도구이기 때문이다.

결국 OTT와 커머스는 떼려야 뗄 수 없는 관계이며, 앞으로도 기업들은 이 두 가지를 결합한 구독경제 모델을 더욱 강화할 것이다.

SUBSCRIPTION ECONOMY

9장

구독플레이션의
시대

글로벌 구독 호구
대한민국

　유튜브를 제외하고, 유튜브와 같은 플랫폼을 찾을 수 있을까? 현실적으로 대체제가 없다. 글로벌 영상 플랫폼 시장에서 유튜브의 지배력은 절대적이며, 유튜브를 대신할 경쟁 서비스는 사실상 존재하지 않는다. 그렇기 때문에 유튜브는 마음대로 가격을 올릴 수 있고, 소비자는 이를 감내할 수밖에 없는 상황이다.

📂 유튜브: 한국의 구독료 인상률 영국 5배, 미국 2.5배

　2023년 12월, 국내 유튜브 프리미엄 구독료가 기존 10,450원에서 14,900원으로 무려 42.6% 인상되었다. 이런 인상률은 영국의 5배, 미국의 2.5배에 해당하는 수준이다. 더 큰 문제는 국내에는 가족멤버십, 학생멤버십 등 할인 요금제조차 없었다는 점이다. 가격이 급격히 올랐음에도 불구하고, 소비자는 유튜브를 대체할 만한 서비스를 찾을 수 없기 때문에 울며 겨자 먹기로 계속 사용할 수밖에 없는 구조가 형성되고 있다.

이러한 가격 인상은 유튜브뿐만이 아니다. 쿠팡 역시 2024년 8월 기존 구독자 대상 와우 멤버십 요금을 4,990원에서 7,890원으로 58.12% 인상했다. 총인상폭을 고려하면, 2,990원이었던 초기 구독료는 7,890원으로 약 2.5배(163%) 증가했다.

2025년 5월, 넷플릭스도 한국에서 광고형 스탠다드의 구독료를 월 5,500원에서 7,000원으로 약 27% 인상하였고, 베이식도 월 9,500원에서 12,000원으로 약 26% 인상하였다. 언론 보도에 따르면 오픈AI 역시 월 20달러인 챗GPT 플러스 구독료를 2029년까지 월 44달러로 2.2배 인상할 계획이라고 한다.

이런 구독료 인상은 국내외를 가리지 않고 있으며, 빅테크 기업들의 가격 인상은 플랫폼에 대한 소비자의 의존도가 커질수록 더욱 공격적으로 이루어지고 있다.

📁 코스트코: 한국 연회비 인상률 미국 대비 약 2배

코스트코 코리아가 2025년 연회비 3종의 가격을 최대 15.2% 인상했다. 2017년 6월 이후 약 7년 만이지만 2024년 9월 발표한 미국·캐나다 연회비 인상률의 2배 가까운 수치다. 미국이나 캐나다에 비해 2배 가까이 더 많이 오른 것이다. 코스트코 코리아는 연회비 3종(골드스타·비즈니스·이그제큐티브) 회원권 가격을 5월 1일부로 다음과 같이 인상하겠다고 발표했다.

회원권 종류	인상 전	인상 후	인상률
비즈니스 멤버십	33,000원	38,000원	15.2%
골드스타 멤버십	38,500원	43,000원	11.7%
이그제큐티브 멤버십	80,000원	86,000원	7.5%

출처 : 코스트코

이번 인상은 2024년 9월 미국·캐나다에서 진행된 연회비 인상을 글로벌로 확대한 것으로 풀이된다. 당시 골드스타와 비즈니스 멤버십은 기존 60달러에서 65달러로, 이그제큐티브 멤버십은 120달러에서 130달러로 각 8.3%씩 올랐다. 해외보다 우리나라에서 2배 가까운 인상률을 보인다고 해도 구독자들은 대체재가 없어 그대로 쓸 수밖에 없다.

코스트코는 회원제로 운영되어 연회비를 내지 않으면 매장을 이용할 수 없는 필수 가입 구조다. 이로 인해 연회비 인상에 대한 소비자들의 선택권이 제한되고 있다.

특히 자체 브랜드(PB) 제품 커클랜드의 높은 인기로 인해 소비자들이 쉽게 코스트코를 포기하지 못하는 점도 가격 인상 전략에 영향을 미치는 것으로 보인다. 이러한 정책이 단기적으로는 문제가 없을 수 있지만, 장기적으로 소비자 불만이 누적되면 브랜드 이미지에 큰 타격을 줄 수도 있다. 그로 인한 매출 감소 및 회사 운영에도 영향이 있을 수 있다. 물론 코스트코를 대신할 대체재가 나온다면 말이다.

📁 마이크로소프트: 강제 끼워팔기, AI를 더해 가격을 올리다

구독료 인상 방식은 단순 가격 조정뿐만이 아니다. 또 하나의 방식은

'강제 끼워팔기'다. 대표적인 예가 마이크로소프트다. 마이크로소프트는 자사의 클라우드 기반 사무용 설루션 '마이크로소프트 365(M365)'의 개인 및 가족 버전에 생성형 AI 기능인 '코파일럿'을 포함한다고 발표했다. 2025년 1월 AI 기능 추가와 함께 월 구독료도 세계적으로 3달러 인상되었으며, 한국에서는 개인용 기준 월 8,900원에서 12,500원으로 인상되어 40% 이상 올랐다.

이러한 가격 인상의 배경에는 AI 개발 경쟁에 투입되는 막대한 비용이 있다. 글로벌 IT 기업들은 AI 연구 개발비를 감당하기 위해 비용을 소비자에게 전가하고 있으며, 이에 따라 소비자들은 원치 않는 AI 기능까지 포함된 제품을 비싼 가격에 구독해야 하는 상황에 놓였다.

빅테크의 독점적 시장 구조:
소비자는 '을'이 될 수밖에 없다

　유튜브를 비롯한 글로벌 빅테크 기업들은 플랫폼을 기반으로 독점적 시장 구조를 형성하고 있다. 소비자 입장에서는 플랫폼을 떠나고 싶어도 대체재가 없어 선택의 여지가 없다. 한 번 의존하게 되면 가격이 올라도 쉽게 이탈할 수 없고, 결국 기업들은 이를 이용해 지속적인 가격 인상을 단행하는 것이다.

　특히, AI 기술 발전과 함께 이런 행태는 더욱 심화될 가능성이 높다. 기업들은 AI를 내세워 기존 제품에 새로운 기능을 추가하고, 이를 빌미로 가격을 올리는 방식으로 수익을 극대화하려 한다. 결국 소비자는 점점 더 비싼 비용을 지불할 수밖에 없으며, 플랫폼 의존도가 높아질수록 가격 인상을 감내할 수밖에 없는 구조가 고착화된다.

유튜브가 시장을 독점하는 과정에서 국내 플랫폼은 경쟁력을 유지하기 어려웠다. 판도라TV는 2004년 국내에서 처음으로 등장한 동영상 공유 플랫폼으로, 유튜브보다 1년 먼저 만들어졌다. 당시 무제한 동영상 업로드와 라이브 방송이 가능해 큰 인기를 끌었고, 한국 시장에서 1위를 차지했다. 하지만 2010년 이후 본인확인제, 저작권법 삼진아웃제 등의 정책이 강화되면서 점점 어려움을 겪었다.

특히 유튜브는 해외 사업자로서 국내 일부 규제의 적용을 받지 않았고, 글로벌 인프라를 활용해 상대적으로 자유로운 운영이 가능했다. 하지만 판도라TV는 국내 기업으로서 규제를 피할 수 없었다. 본인확인제 도입으로 사용자 유입이 감소했고, 저작권 규제 강화로 인해 콘텐트 확보에도 어려움을 겪었다.

이 과정에서 유튜브는 빠르게 점유율을 확대하며 한국 시장을 장악했고, 판도라TV는 결국 경쟁력을 잃어갔다. 광고 기반 수익 모델 역시 유튜브의 애드센스에 밀려 지속 가능성을 확보하기 어려웠다. 결국 판도라TV는 2023년 1월 31일부로 서비스를 종료했다. 한국의 1세대 동영상 플랫폼으로 시작했지만, 정부의 규제, 기술 인프라 격차, 수익 모델의 한계 등 복합적 요인 속에서 글로벌 플랫폼과의 경쟁에서 밀려났다. 이는 국내 플랫폼이 정책적 환경과 글로벌 시장에서 경쟁력을 유지하는 것이 얼마나 중요한지를 보여준다.

현재로서는 소비자가 대응할 방법이 거의 없다. 대체재가 없기 때문이다. 그렇다면 앞으로의 방향을 어떻게 설정해야 할까?

- 정부의 규제 필요성: 글로벌 빅테크 기업들의 독점적 지위를 고려할 때, 과도한 가격 인상을 방지하기 위한 규제 및 감시가 필요하다.
- 국내 대체 서비스 육성: 유튜브를 대체할 수 있는 플랫폼이 부재한 상황에서, 국내에서도 경쟁력 있는 서비스 개발이 필요하다.
- 소비자의 적극적 반응: 가격 인상이 지속되는 상황에서 소비자는 불만을 적극적으로 표출하고, 플랫폼을 견제할 수 있는 여론 형성이 필요하다.

지금과 같은 흐름이 계속된다면, 유튜브를 포함한 글로벌 플랫폼들은 계속해서 가격을 올릴 것이며, 소비자는 '울며 겨자 먹기'로 이를 받아들일 수밖에 없을 것이다. 대체재 없는 시장에서 가격 결정권은 기업에 있고, 소비자는 '을'의 입장에서 변함없이 높은 가격을 감당해야 하는 현실이 지속될 것이다.

AI 시대와
구독플레이션의 심화

📁 개인용 클라우드 서비스의 함정

문득 생각해보니 필자도 개인용 클라우드를 구독하고 있다. 심지어 메일도 무제한 용량을 사용하고 있다. 사실상 메일을 로컬디스크가 아닌 클라우드에 모두 저장하는 것이다. 벌써 사용하는 유료 클라우드 구독 서비스만 2개다. 디지털 시대, 우리는 데이터를 쉽게 저장하고 공유할 수 있는 개인용 클라우드 서비스를 광범위하게 활용하고 있다. 사진, 동영상 등이 고화질이 되면서 용량도 커지고 있다. 다른 프로그램들도 용량이 커지고 있어서 모든 것을 로컬디스크에 담기는 어렵다.

이런 상황에서 아이폰의 아이클라우드+, 네이버 마이박스(Mybox), 마이크로소프트의 원드라이브(OneDrive) 등 다양한 플랫폼이 제공하는 클라우드 서비스는 우리 삶의 편리함을 극대화한다. 그러나 이러한 구독 모델이 사용자들에게 예상치 못한 부담을 초래하는 '구독플레이션'을 유발할 수 있다.

AI 시대의 도래와 함께 데이터의 활용 가치는 더욱 높아지고 있다. 대량의 데이터를 저장하고 분석하는 과정에서 개인뿐만 아니라 기업들의 클라우드 서비스에 대한 의존도 역시 커지고 있다. AI 기반 서비스들이 개인 맞춤형 기능을 제공하면서 데이터 저장 용량이 더욱 증가하고, 이에 따라 클라우드 서비스의 락인 효과가 더욱 강해졌기 때문이다. 결과적으로 구독 요금은 계속 증가하고, 사용자는 점점 더 높은 비용을 지불할 수밖에 없는 구조가 만들어진다.

대부분의 클라우드 서비스는 일정 용량까지 무료 저장 공간을 제공한다. 초기에는 가벼운 사용으로 충분하지만, 시간이 지날수록 저장할 데이터의 양이 증가하면서 무료 용량이 빠르게 한계에 도달한다. 이때 사용자는 기존 데이터를 유지하기 위해 어쩔 수 없이 추가 저장 공간을 구매해야 하는 상황에 처하게 된다. 즉, 특정 서비스에 '락인'되면서 지속적으로 구독료를 지불하는 구조가 형성된다.

📁 락인에 따른 구독 요금 인상 우려

문제는 여기서 끝나지 않는다. 클라우드 서비스 제공 업체들은 정기적으로 구독 요금을 인상하거나 추가 기능을 유료 옵션으로 전환하는 방식으로 사용자 부담을 증가시키는 경향이 있다. 처음에는 월 몇천 원 수준이던 구독료가 시간이 지나면서 만 원, 이만 원으로 상승할 수도 있다. 이러한 '강제 구독' 구조는 곧 '구독인플레이션'을 초래하는 대표적인 사례라 할 수 있다.

📁 구독형 클라우드 서비스의 양면성

클라우드 구독제는 분명 장점이 많다. 데이터의 자동 백업 및 동기화 기능을 제공하며, 기기 간 원활한 파일 공유가 가능하다. 또한 랜섬웨어나 하드웨어 고장과 같은 위기 상황에서도 데이터를 보호할 수 있다는 강력한 보안 이점이 있다. 그러나 이러한 편리함의 대가로 우리는 지속적인 비용을 부담하고, 플랫폼 종속성으로 인해 선택의 자유를 제한받게 된다. 이러한 이유로 다음과 같은 문제가 발생할 수 있다.

- 비용 증가: 무료 저장 공간이 빠르게 소진되면서 추가 요금을 지불해야 하는 구조다.
- 서비스 락인: 특정 플랫폼에 데이터를 저장할수록 타 서비스로 이전하기 어렵다.
- 요금 인상: 초기 저렴한 가격에서 점진적으로 비용이 증가한다.
- 데이터 이전의 어려움: 특정 서비스가 종료되거나 요금이 부담될 때, 데이터를 이동하기가 번거롭다.

📁 구독플레이션을 피하는 방법

구독플레이션의 덫에 빠지지 않기 위해서는 전략적인 데이터 관리가 필요하다.

- 클라우드 용량 최적화: 불필요한 파일을 정기적으로 정리하고, 자동 백업 설정을 조정하여 저장 공간 낭비를 줄인다.

- 다양한 서비스 활용: 단일 플랫폼에 의존하지 않고, 무료 용량을 효과적으로 활용할 수 있도록 여러 클라우드 서비스를 조합하여 사용한다.
- 구독 모델 분석: 장기적으로 봤을 때 지속적인 요금 부담이 과도하다면, 일정 용량 이상의 데이터를 로컬 저장소(외장하드 등)로 옮기는 것도 고려할 필요가 있다.
- 약관 및 가격 변동 체크: 클라우드 서비스 제공 업체의 가격 정책과 약관 변화를 주기적으로 확인하고, 예상치 못한 비용 증가를 방지한다.

하지만 이 모든 걸 확인하기는 어렵다. 서비스 제공 업체들이 복잡한 요금제와 약관을 적용하는 상황에서, 소비자 개개인이 모든 정보를 비교 분석하는 것은 한계가 있다. 따라서 정부와 국회는 이와 같은 문제점을 사전에 인지하고, 소비자 보호를 위한 가이드라인을 마련해야 한다. 투명한 요금제 공개, 강제 구독 모델에 대한 규제, 데이터 이동성 보장 등의 대책이 필요하다. 소비자가 구독 모델의 함정을 인지하고 적절한 대인을 마련하는 것도 중요하지만, 궁극적으로는 정책적인 노력이 함께할 때 클라우드 서비스가 더욱 소비자와 기업에 좋은 방향으로 진화할 수 있을 것이다.

구독플레이션의 심화는 소비의 새로운 양극화를 만들어내고 있다. 경제적 약자들은 구독화된 필수 서비스와 제품으로부터 소외되거나, 매달 월세처럼 지불하는 구독 비용 탓에 더욱 빈곤의 늪으로 빠져들고 있다. 구독경제에서 배제된 이들은 삶에서 반드시 누려야 할 경험조차 얻지 못한 채, 물리적·문화적 격차가 극단적으로 벌어지는 새로운 구독 계급사회가 탄생할 위험에 직면해 있다. 이는 개인의 문제가 아니라 기업과 사회 전체에 공통으로 다가올 미래다. 정부와 사회가 지금 관심을 기울이지 않는다면, 우리는 불평등을 강제 구독하게 될 것이다.

구독자는 떠나도,
다시 돌아온다

구독경제는 기업에 안정적인 수익 모델을 제공하는 혁신적인 비즈니스 방식으로 자리 잡았다. 그러나 맥킨지 보고서에 따르면 구독자는 장기 가입을 꺼리는 경향이 있으며, 상당수는 6개월 이내에 서비스를 해지한다. 기업 입장에서 중요한 과제는 단순히 새로운 가입자를 유치하는 것이 아니라, 기존 구독자를 유지하고 다시 돌아오도록 만드는 것이다.

📂 구독자의 절반은 6개월 이내에 해지한다

맥킨지 보고서에 의하면 구독자의 55%만이 장기 약정을 고려하며, 나머지 45%는 6개월 이내에 해지를 결정한다. 특히 액세스 기반 서비스의 경우 장기 구독 유지율이 51%, 큐레이션 서비스는 52%, 보충 서비스는 65%로 나타나며, 보충 서비스가 상대적으로 장기 유지율이 높지만 여전히 절반 가까운 사용자가 6개월 안에 서비스를 떠난다.

많은 기업들이 구독자를 유치하기 위해 제공하는 무료 체험의 효과가 점차 감소하고 있는 추세다. 실제로 리컬리 보고서에 의하면 무료 체험 전환율은 46%에서 33%로 하락하며, 소비자들이 무료 체험을 경험한 후에도 장기적으로 비용을 지불하며 구독자로 남을 가능성이 점점 낮아지고 있다고 말한다. 이런 문제는 어떻게 해결할 수 있을까?

AI를 활용하면 이러한 문제를 더욱 효과적으로 해결할 수 있다. AI 기반 예측 모델은 사용자의 행동 패턴을 분석하여 해지 가능성이 높은 고객을 사전에 식별하고, 맞춤형 혜택을 제공할 수 있다. 이를 통해 구독 유지율을 높이고 불필요한 비용을 줄이는 전략이 가능하다. 따라서 기업은 단순히 무료 혜택을 제공하는 것보다, 구독을 유지할 매력적인 요소를 지속적으로 제공하는 것에 집중해야 한다.

📁 무료 체험 효과는 감소, 중요한 것은 지속적인 가치 제공

무료 체험 모델은 초기 시장 침투에 효과적일 수 있으나, 장기적으로 보면 기업의 비용 부담만 증가시킬 가능성이 크다. 구독자는 무료 체험 후 서비스의 가치가 충분하지 않다고 판단하면 즉시 해지를 결정한다. 특히 가격이 높은 프리미엄 서비스의 경우, 무료 체험 후 구독 전환율이 33% 이하로 떨어지는 경우가 많다.

따라서 기업은 구독자가 실제로 필요로 하는 기능과 혜택을 지속적으로 제공해야 한다. 글로벌 구독 서비스 기업들은 무료 체험을 줄이는 대신 가입 즉시 핵심 혜택을 제공하거나, 초기 가입 시 더 높은 가치를 느끼게 하는 방식으로 접근 방식을 변화시키고 있다.

📁 해지는 끝이 아니다: 일시 정지가 핵심 전략

구독자가 서비스를 해지한다고 해서 영원히 떠나는 것은 아니다. 실제로 구독자의 20%는 해지 후 다시 재가입하는 패턴을 보인다. 즉, 한 번 떠난 고객을 다시 유치할 가능성이 매우 높은 셈이다. 이러한 특성을 활용하기 위해, 상당수의 기업들이 '일시 정지(Pause Subscription)' 기능을 제공하는 전략을 채택하고 있다.

보고서에 따르면, 일시 정지 옵션이 있는 서비스에서는 구독자의 25%가 해지를 선택하는 대신 일시 정지를 선택하는 것으로 나타났다. 이는 구독자가 완전히 서비스를 포기하는 것이 아니라, 일정 기간 후 다시 돌아올 가능성이 높다는 점을 시사한다. 따라서 기업은 구독자의 다양한 니즈를 고려하여 유연한 구독 옵션을 제공해야 한다.

예를 들어, 일정 기간 동안 비용을 줄이거나 서비스를 임시 중단할 수 있도록 하면 구독자의 부담을 낮추면서도 장기적으로 고객을 유지할 수 있다. 또한, 구독 해지 프로세스에서 재가입을 쉽게 유도하는 방식을 적용하는 것도 효과적인 전략이 될 수 있다. 예를 들어 해지 시 즉시 할인을 제공하거나, 일정 기간 내 재가입 시 추가 혜택을 부여하는 방식이 있다.

📁 성공적인 구독 모델을 위한 AI 활용

구독경제의 지속 가능성을 높이기 위해 기업은 단순히 가입자를 늘리는 것보다 구독자의 충성도를 높이고, 해지 후에도 돌아오도록 설계하는 전략이 필요하다. 이때 다음과 같은 요소들이 중요하게 작용한다.

구독 유지율을 높이는 가치 제공

무료 체험의 효과가 감소하고 있는 만큼, 가입 즉시 강력한 혜택을 제공하는 것이 중요하다. AI를 활용한 사용자 분석을 통해 고객이 가장 관심을 가지는 혜택을 파악하고, 초기 구독 경험을 최적화하는 것이 효과적이다. 이를 통해 소비자가 구독을 유지할 가능성을 높일 수 있다.

유연한 구독 옵션 제공

해지 대신 일시 정지를 선택할 수 있도록 하여 고객을 유지할 가능성을 높인다. AI 기반 예측 모델을 활용하면 사용자의 이용 패턴을 분석하여 최적의 일시 정지 옵션을 추천할 수 있다. 이를 통해 사용자의 부담을 줄이고, 장기적인 구독 유지를 유도할 수 있다.

재가입 유도 전략

해지 후 다시 돌아오는 고객을 위한 맞춤형 혜택(할인, 추가 서비스 제공 등)을 마련한다. AI 분석을 통해 해지 후 일정 기간이 지난 고객에게 최적의 시점에 맞춤형 재가입 프로모션을 제공하면, 복귀율을 효과적으로 높일 수 있다.

데이터 기반 개인화 서비스 제공

고객의 이용 패턴을 분석하여 맞춤형 추천 및 알림을 제공하면 구독자의 재가입 가능성을 높일 수 있다. AI 기반 분석 시스템을 활용하면 고객의 과거 행동 패턴을 평가하고, 개인화된 추천을 더욱 정교하게 제공할 수 있다. 이를 통해 사용자 경험을 개선하고, 장기적인 충성도를 높이는 전략이 가능하다.

결국, 구독경제에서 가장 중요한 것은 가입자를 단순히 유치하는 것이 아니라, 구독자들이 지속적으로 머무를 수 있도록 유도하는 것이다. 해지율을 줄이기 위한 무리한 마케팅 비용 지출보다, 고객이 필요할 때 다시 돌아오도록 만드는 전략이 장기적으로 더 효과적이다.

· · ·

SUBSCRIPTION ECONOMY

10장

구독 전쟁 2025:
구독 멤버십을 가진 회사만 살아남는다

구독 멤버십의 원조,
아마존의 전략적 성장

구독 멤버십의 원조는 아마존이다. 2004년 2월 출시된 '아마존 프라임'은 단순한 무료 배송 서비스가 아니라, 유통과 콘텐츠를 결합한 최초의 본격적인 구독 멤버십 모델이었다. 이 서비스는 일정 금액을 지불하면 무료 배송뿐만 아니라 프라임 비디오, 음악 스트리밍, 오디오북, 전자책 대여 등의 다양한 혜택을 제공하는 방식으로 운영되었다.

아마존 프라임의 가장 큰 특징은 고객을 단순한 회원이 아니라 충성고객으로 만드는 데 있다. JP모건이 2018년에 발표한 보고서에 따르면, 아마존 프라임 구독자는 연회비 119달러를 내는 대신 연평균 784달러 상당의 혜택을 얻는다. 이러한 높은 혜택으로 인해 소비자들은 구독을 지속할 동기를 갖게 된다. 실제로 아마존 프라임 가입자는 일반 소비자보다 평균 4.6배 더 많은 금액을 사용한다. 아마존 프라임 가입자의 40%가 아마존 사이트에서 연간 1,000달러 이상을 소비한 것으로 조사되었으며, 비구독자의 경우 8%만이 1,000달러 이상을 사용했다. 이는 구독자가 고액을 소비할 확률이 약 5배 정도 높다고 볼 수 있다.

이러한 구독 모델을 통해 아마존은 고객을 자사 플랫폼에 묶어두는 락인 효과를 극대화했다. 고객들은 프라임 가입 이후 자연스럽게 아마존에서 모든 쇼핑을 해결하게 되었고, 이는 아마존의 시장 지배력을 더욱 강화하는 결과를 가져왔다.

📁 쿠팡의 아마존 벤치마킹과 성공 사례

한국에서는 쿠팡이 아마존의 전략을 벤치마킹한 것으로 보인다. 쿠팡은 2018년 10월 '쿠팡 와우 멤버십'을 당시 월 4,990원의 저렴한 구독료로 출시하였다. 와우 멤버십은 로켓배송(익일배송), 무료 반품, 쿠팡플레이(스트리밍 서비스), 쿠팡이츠(배달서비스) 등의 혜택을 제공하고 있다. 이 모델의 초기 모델은 아마존 프라임을 벤치마킹한 것으로 보인다. 실제로 쿠팡이 미국에 상장할 때 해외 언론에서 쿠팡을 부르는 말 중 '한국의 아마존'이라는 수식어가 있었다는 것을 감안하면 쿠팡이 아마존의 구독 멤버십을 벤치마킹한 것이라고 충분히 볼 수 있을 것이다. 쿠팡은 이런 구독 멤버십을 통해 결과적으로 한국 내 유통 및 이커머스 생태계를 바꾸고 있다.

쿠팡 와우 멤버십 가입자는 일반 고객보다 구매 빈도가 높으며, 장바구니 평균 금액도 증가하는 경향을 보였다. 이러한 멤버십 모델을 통해 쿠팡은 고객의 쇼핑 습관을 자사 플랫폼에 고정시키는 전략을 펼쳤으며, 이를 통해 지속적인 매출 성장을 이끌어냈다.

구독 멤버십 모델은 이제 유통업체뿐만 아니라 다양한 산업에서 필수 전략으로 자리 잡고 있다. 대표적인 사례로 네이버, 카카오, GS25, 요기요 등을 들 수 있다.

네이버는 2020년 6월 네이버플러스 멤버십을 출시했다. 월 4,900원을 지불하면 네이버페이 포인트 적립률이 증가하고, 웹툰·음악·클라우드 서비스 이용 등의 혜택을 받을 수 있다. 특히 네이버 쇼핑과 연계하여, 네이버 내에서 구매할수록 더 많은 포인트를 적립하는 방식으로 고객을 유인하고 있다.

GS25는 '더팝 플러스'라는 구독 서비스를 운영하였다. 구독료를 내면 특정 물품을 구매할 때 할인해주는 것이다. 2020년 말 기준으로, 가입하지 않은 고객과 비교했을 때 구독 고객의 경우 제품 구매 건수는 4배, 사용 금액은 3.8배 증가했다. GS25는 GS카페25라는 구독 멤버십도 운영하였다. 일정 구독료를 내면 원두커피를 25% 할인해준다. 비가입자가 평균 5.7잔을 살 때 구독 가입자는 38.6잔을 구매했다. 구독 가입자가 약 7배 더 소비하는 것이다. 이렇다 보니 상당수 기업이 구독경제를 어떻게든 도입하는 것이다.

배달 시장에서도 구독 모델이 확산되고 있다. 요기요는 구독료를 내면 배달비 할인과 적립금 혜택을 제공하는 멤버십을 운영하며, 이를 통해 고객 락인 효과의 극대화를 노리고 있다. 뒤이어 배달의 민족도 2024년에 '배민 멤버십'을 출시하였다.

카카오모빌리티는 '카카오T 멤버스'를 도입하여 택시 자동 배차, 포인트 적립 등의 혜택을 제공하고 있다. 가입자가 증가할수록 카카오T의 모빌리티 시장 내 점유율 역시 확대되는 효과를 볼 수도 있다.

결과적으로 구독 모델은 콘텐트, 배달, 모빌리티, 유통, 금융 등 다양한 산업에서 적용 가능하며, 많은 기업들이 이를 적극적으로 도입하고 있다.

구독 멤버십 가입자:
약 2배~7배 더 소비

구독 모델이 모든 기업에 매력적인 이유는 구독자가 비구독자보다 높은 소비 패턴을 보이기 때문이다.

아마존 프라임 가입자의 경우, 일반 소비자보다 연간 소비액이 4.6배 높다는 분석이 있다. GS25의 더팝 플러스 가입자는 비회원 대비 제품 구매 건수는 4배, 사용 금액은 3.8배 증가했다. GS카페25 멤버십 가입자는 비가입자의 평균 5.7잔보다 훨씬 많은 38.6잔을 구매하는 것으로 나타났다. 이는 약 7배 차이가 나는 수치다. 이렇다 보니 스타벅스도 구독 멤버십에 참전했다. 2024년부터 월 7,900원을 내면 매일 오후 2시 이후 음료 1잔과 음식 1종을 30% 할인받을 수 있는 구독 서비스 '버디 패스'를 운영 중이다. 버디패스 도입에 앞서 시범 운영한 한 달간 구독 고객의 평균 구매 금액이 61% 증가하고 평균 구매 건수는 72% 늘어난 것으로 집계됐다.

이처럼 구독 고객은 단순히 한 번 구매하는 것이 아니라 반복적이고 지속적인 소비를 하는 경향이 강하다. 이는 기업 입장에서 매출 안정성을 높이고, 장기적인 고객 유지율을 증가시키는 중요한 전략이 된다.

📁 구독 멤버십의 핵심: 브랜드 충성도를 높여 안정적인 매출 확보

구독 멤버십은 단순히 할인 혜택을 제공하는 것이 아니라, 기업이 장기적인 매출을 안정적으로 확보할 수 있는 중요한 비즈니스 모델이다. 구독 회원들은 브랜드 충성도가 높으며, 정기적인 지출을 통해 기업의 성장에 기여한다.

아마존은 프라임을 통해 유통 공룡으로 자리 잡았고, 쿠팡이 이를 벤치마킹하여 국내 시장을 장악했다. 현재 유통뿐만 아니라 콘텐트, 배달, 모빌리티, 금융까지 구독경제는 거의 모든 산업군으로 확장되고 있으며, 앞으로 더욱 가속화될 전망이다.

기업들은 단순히 구독제를 도입하는 것을 넘어, 고객이 구독을 통해 얻을 수 있는 차별화된 가치를 제공하는 것이 성공 전략의 핵심이 될 것이다.

맞춤형 역설계 구독경제:
불황기에 더 강하다

📂 역설계가 가능한 구독경제

경기 불황 속에서 소비자들의 씀씀이가 줄어들고 있다. 이런 상황에서도 가격을 낮추고, 소비자의 예산에 맞춰 상품과 서비스를 제공하는 역(逆)설계 모델이 주목받고 있다. 일종의 '다이소형 구독경제'라고도 볼 수 있는 이 모델은 제한된 예산 안에서 최상의 가치를 제공하며, 소비자와 기업 모두에게 이익을 가져다준다.

📂 크리스피크림 도넛: 800원 커피 구독, 가격 파괴 전략

특히 커피 시장에서 이러한 맞춤형 구독경제가 확대되고 있다. 프랜차이즈들은 구독을 통해 소비자들에게 획기적인 가격 혜택을 제공하고 있으며, 이를 통해 충성 고객을 확보하는 중이다.

예를 들어 2025년 1월, 크리스피크림 도넛은 만 원에 아메리카노 25
잔을 제공하는 리뉴얼한 '오글패스'를 출시했다. 이를 활용하면 4,200원
짜리 커피를 약 800원에 마실 수 있다. 스타벅스의 '버디패스' 또한 월
7,900원의 구독료로 오후 2시 이후 제조 음료 30% 할인 혜택을 제공하
면서 소비자의 재방문율을 높이고 있다. 편의점에서도 유사한 방식이 도
입된 적이 있는데, 구독을 이용하는 소비자들이 일반 소비자보다 약 7배
더 많은 커피를 구매하는 것으로 나타났다.

📁 OTT 시장: 광고 기반 모델과 구독 연계 전략

OTT 서비스에도 맞춤형 구독 전략이 자리 잡고 있다. 경기 침체로
인해 소비자들이 월 정기 결제를 부담스러워하자, 광고형 구독 모델이
등장했다. 예를 들어, 넷플릭스는 광고를 포함하는 저가형 요금제를 출
시해 기존 요금의 절반 수준으로 구독 서비스를 제공하고 있다. 또한 네
이버 멤버십과 같은 플랫폼과 연계하여 사실상 '공짜'로 OTT를 이용할
수 있도록 하는 전략도 등장했다.

📁 다이소형 역설계: 구독경제와 지속 가능 성장 모델

다이소의 가격 설정 방식은 목표 판매가를 먼저 정한 후 이를 맞추기
위해 원가와 마진을 조정하는 전략을 취한다. 이는 구독경제에도 적용
될 수 있다. 예를 들어 특정 가격대를 먼저 설정한 후, 소비자들에게 최
적의 가치를 제공할 수 있는 서비스를 역설계하는 방식이 가능하다. 이

를 통해 기업은 소비자의 가격 저항선을 낮추면서도 더 많은 이용을 유도할 수 있다. 즉, 다이소의 전략처럼 구독 서비스도 소비자가 선호하는 가격대를 중심으로 맞춤 설계를 하면 경제적 어려움 속에서도 지속 가능한 성장을 이끌어낼 수 있다.

기존 유통업체들이 상품 가격을 원가와 마진율을 기반으로 책정했다면, 최근에는 '가격 역설계'가 새로운 트렌드로 자리 잡고 있다. 소비자의 심리적 가격 저항선을 고려하여 먼저 판매가를 정한 후, 이를 맞추기 위해 원가와 마진을 조정하는 방식이다. 이러한 전략은 구독경제에도 적용될 수 있으며, 소비자의 부담을 낮추면서도 꾸준한 이용을 유도하는 효과를 낼 수 있다.

이랜드 킴스클럽의 '델리 바이 애슐리'는 이러한 역설계의 대표적인 사례다. 기존 방식대로라면 8,000원대에 판매해야 할 즉석 조리 식품을 3,990원으로 설정하고, 식재료 통합 매입을 통해 원가를 낮춰 가격을 맞췄다. 이처럼 구독 서비스도 소비자가 납득할 수 있는 가격을 먼저 설정한 후, 해당 가격대에서 최상의 가치를 제공하는 방향으로 설계될 필요가 있다.

특히 다이소가 500원, 1,000원, 1,500원, 2,000원, 3,000원, 5,000원 등 균일가 전략을 활용하여 소비자의 체감 물가를 낮추는 동시에 구매 빈도를 증가시킨 것처럼, 구독경제에서도 특정 가격대 내에서 최적의 서비스 패키지를 설계하는 방식이 가능하다. 이를 통해 소비자는 낮은 가격으로 부담 없이 구독을 유지할 수 있으며, 기업은 안정적인 매출을 확보할 수 있다.

구독경제는 단순한 할인 경쟁이 아니라, 지속 가능한 소비 패턴을 유도하고, 기업과 소비자가 상생할 수 있는 대표적인 경제 모델로 자리 잡을 가능성이 크다. 불황형 맞춤 구독 전략이 성공하기 위해서는 소비자의 니즈를 정확히 파악하고, 최적의 패키지를 설계하는 것이 핵심이다. 다이소처럼 합리적인 가격에 소비자의 실질적인 만족도를 높이는 역설계 구독 모델이야말로, 향후 경제 위기 속에서도 지속 가능한 성장을 가능하게 하는 중요한 전략이 될 것이다.

S&P 500 기업 대비 5배,
성장률이 높은 구독 모델 기업

📁 S&P 500 기업들보다 3.4배 빠르게 성장

2024년 4월 공개된 주오라의 SEI 보고서에 따르면, 구독 기반 서비스를 운영하는 기업들은 비구독 기반 기업들보다 더욱 높은 매출을 기록한 것으로 나타났다. 특히 지난 12년간의 데이터를 분석한 결과, 구독 모델을 채택한 기업들은 S&P 500 기업들보다 3.4배 빠르게 성장한 것으로 조사됐다. 2023년 기준으로도 SEI 지수에 속한 기업들은 평균 10.4%의 매출 성장률을 보인 반면, S&P 500 기업들은 6%의 성장률을 기록하는 데 그쳤다. 다만, 주오라는 SEI 지수에 포함된 기업명을 공개하지 않고 익명 처리하여 분석 결과를 발표했다.

구독 모델을 운영하는 기업들은 고객 이탈률 측면에서도 경쟁 우위를 보였다. 지난 3년간 이탈률이 낮은 경향을 유지했으며, 특히 SaaS(서비스형 소프트웨어) 부문에서는 소비 기반 모델을 도입한 기업들이 높은 매출 성장세를 보였다. 소비 기반 모델을 운영하는 SEI SaaS 기업들의 6년 연평균 성장률은 2023년 기준 20.1%에 달했으며, 반면 소비 기반 모델을 채택하지 않은 기업들의 성장률은 16.3%에 머물렀다.

📁 S&P 500 기업 대비 5배 높은 성장률

구독경제지수(SEI)에 포함된 기업들의 매출액은 2012년부터 2019년 상반기까지 연평균 18.2% 상승했다. 같은 기간, 구독 서비스 매출 성장률 역시 18.2%를 기록했으며, 이는 미국 S&P 500 지수의 매출 성장률(3.6%)과 미국 소매 매출 인덱스 성장률(3.2%)보다 약 5배 높은 수준이다. 신규 구독 가입자 순증가율도 연평균 15.4%를 기록하며 지속적인 성장세를 보였다.

◇ 기업 매출 지수

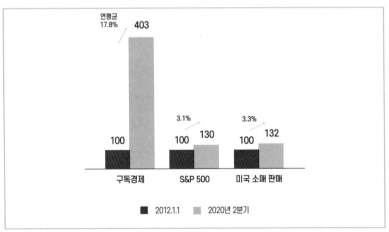

※2012년 1월 1일 기준: 100

출처 : 주오라

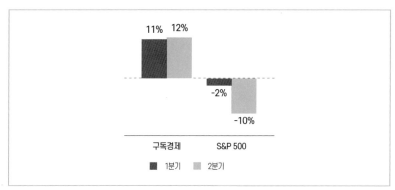

◇ 2020 매출액 증가율(전년 동기 대비)

11% 12%

-2%

-10%

구독경제   S&P 500

■ 1분기   ■ 2분기

출처 : 주오라

특히, 코로나19 팬데믹이 시작된 2020년, 전 세계 경제는 극심한 혼란을 겪었다. 한국과 미국을 포함한 여러 나라에서 2020년 1분기 확진자가 속출하며 경제적 충격이 이어졌다. 그러나 구독경제 기업들은 이러한 위기 속에서도 강한 회복력을 보였다.

실제로 2020년 1분기 구독경제 기업들의 매출액 증가율은 11%를 기록했고, 2분기에는 12%로 상승했다. 반면, 같은 기간 S&P 500 기업들의 매출액 증가율은 각각 -2%와 -10%를 기록하며 큰 폭의 하락을 경험했다. 또한, 2020년 3월 구독 서비스 회사들의 한 달 가입자 취득률을 이전 12개월과 비교한 결과, 10개 기업 중 약 8개 기업이 가입자 기반을 유지하거나 성장하는 성과를 보였다.

구독경제:

위기를 이겨내는 세 가지 핵심 효과

그럼 도대체 왜 구독을 도입한 구독경제 기업들은 평상시, 특히 위기에는 더 성장하는 것일까? 여러 가지 이유가 있지만 간략하게 세 가지로 정리해볼 수 있다.

📁 첫째 고객들의 락인 효과가 있다

경제 위기가 닥치면 소비자들은 불필요한 지출을 줄이지만, 구독 서비스는 생활에 스며들어 즉각적인 해지 대상이 되지 않는다. 집에 가는 길에 사 먹던 맛있는 빵이나 디저트 등의 매출은 줄일 수 있지만, 이미 습관이 된 구독 서비스를 그 즉시 해지하는 소비자는 많지 않다. 구독 서비스는 이러한 고객의 지속성을 바탕으로 물리적인 시간을 확보하고, 그동안 경제 상황이 호전되거나 소비자가 위기에 둔감해지는 효과를 기대할 수 있다.

📁 둘째 목돈이 필요하지 않다

저성장과 고물가 시대에 소비자들은 지출을 신중하게 결정한다. 구독 서비스는 대체로 월 단위의 작은 금액으로 운영되기 때문에, 한 번에 큰 금액을 지출하지 않아도 원하는 제품과 서비스를 이용할 수 있다. 이는 경제적 불확실성이 클수록 더욱 유리하게 작용하며, 개인뿐만 아니라 기업에도 비용 부담을 줄이는 선택지로 자리 잡는다.

📁 셋째 기업의 사업 예측 가능성이 높아진다

구독 모델은 불특정 다수에게 제품을 판매하는 것이 아니라, 정기적으로 비용을 지불하는 단골 고객층을 보유하는 방식이다. 이를 통해 기업은 고객 데이터를 분석하여 맞춤형 서비스를 제공할 수 있으며, 경기침체 시기에도 예측 가능한 수익 구조를 유지할 수 있다. 불황이 닥쳐도 장기적인 관점에서 고객을 유지할 방법을 모색할 수 있으며, 필요에 따라 새로운 비즈니스 모델을 도입하는 것도 가능하다.

대표적인 예로 넷플릭스는 코로나 이후 구독 가입자 증가세가 둔화되자 광고형 요금제를 도입하며 수익성을 극대화했다. 2024년 4분기 기준, 광고형 요금제 가입자는 분기별로 30%씩 증가했으며, 신규 가입자의 55%가 광고형 요금제를 선택했다. 그레고리 피터스 넷플릭스 공동 CEO는 "2024년 광고 매출이 2023년의 두 배였으며, 2025년에도 두 배 성장이 기대된다"고 밝혔다. 이는 구독 모델이 불황 속에서도 변화에 유연하게 대응할 수 있는 것을 보여준 대표적인 사례라 할 수 있다.

결과적으로 구독경제는 경제 위기가 닥쳐도 소비자에게 선택받을 가능성이 높고, 기업에는 안정적인 수익 구조를 제공하며, 유연한 사업 전략을 가능하게 한다. 이러한 특징 덕분에 구독 모델은 앞으로도 지속적인 성장을 이어갈 것이다.

오히려 구독 때문에
망하는 기업들

인플레이션 시대에는 구독을 통해 안정적인 가격으로 제품을 이용하는 것이 소비자에게 유리하다. 하지만 구독 기업은 원가 상승을 반영하기 어려운 구조적인 문제에 직면한다.

📂 구독료에 민감한 구독자들

우리는 채솟값이 급등했다는 뉴스를 쉽게 접할 수 있다. 예를 들어 2023년 4월 기준 양파 15kg의 도매가는 22,550원으로, 2022년 대비 3배 가까이 상승했다. 하지만 구독 모델에서는 가격을 탄력적으로 조정하기 어렵다. 예를 들어, 식품 구독료가 5,000원이라면 이를 6,000원~7,000원으로 올리는 것도 쉽지 않다. 원가가 3배 올랐다 하더라도 구독료를 15,000원으로 조정하는 것은 현실적으로 불가능하다.

이는 구독료가 일회성 지불이 아니라, 해지하지 않는 한 지속적으로 부담해야 하는 비용이기 때문이다. 소비자들은 구독료에 매우 민감하게 반응한다. 2018년 맥킨지 보고서에 따르면 구독자 중 약 55%만이 장기 약정을 고려한다고 답했다. 특히 밀키트 구독의 경우, 가입 초기 6개월 안에 60%~70% 이상이 해지하는 것으로 나타났다.

따라서 구독자 수를 안정적으로 유지하려면 지속적인 비용 투입이 필요하며, 구독료 책정 시 소비자가 지불한 금액보다 더 큰 가치를 제공해야만 해지를 막을 수 있다. 구독 모델은 일반적으로 일시불 판매보다 초기 수익이 낮아지며, 운영 초반에는 구독자 확보가 중요하기 때문에 낮은 가격이 유리하다. 그러나 일정 수준의 구독자를 확보해 규모의 경제를 실현하지 못하면 기업 입장에서 재무적 리스크가 커질 수밖에 없다.

특히 한계 비용이 명확한 식품 구독의 경우, 구독자가 증가할수록 더 많은 식품을 배달해야 하므로 비용이 지속적으로 상승한다. 일정 규모에 도달하면 수익이 발생할 수 있지만, 수익화까지의 시간이 길어 운영 부담이 커진다.

이런 문제를 해결할 수 있는 핵심 열쇠가 바로 AI의 등장과 발전이다. AI는 수요 예측과 공급망 최적화를 통해 비용 상승을 최소화하고, 구독자의 개별 선호를 분석해 맞춤형 서비스를 제공할 수 있다. 예를 들어 AI가 실시간으로 원자재 가격 변동을 분석하고, 자동으로 효율적인 구매 및 배송 전략을 제안함으로써 구독 모델의 지속 가능성을 높일 수 있다. 또한, AI 기반의 개인화된 상품 추천과 자동화된 고객 관리 시스템은 구독자의 만족도를 높여 해지율을 줄이는 데 기여할 수 있다.

📁 구독 멤버십을 운영하다가 망한 사례

중국 청두의 한 훠궈 식당이 약 2만 원짜리 멤버십 카드를 판매했다. 이 카드를 구매하면 한 달 동안 무제한 식사가 가능해 큰 인기를 끌었다. 그러나 예상보다 많은 손님이 몰리며 하루 종일 식당에 머무르는 사람들이 많아졌다. 특히, 혜택만 최대한 이용하려는 '체리 피커(Cherry Picker, 기업이 제공하는 혜택만 누리고 최소한의 비용만 지불하는 소비자)'가 문제였다. 게다가 고객들이 멤버십 카드를 가족·친구와 공유하면서 식당의 지출이 급격히 증가했다. 온라인 회원 관리 시스템도 미비해 이를 통제하지도 못했다. 결국 식당은 개업 보름 만에 약 1억 원의 적자를 내고 폐업했다.

무비패스는 월 9.95달러로 극장에서 무제한으로 영화를 볼 수 있는 구독 멤버십 서비스였다. 하지만 구독자가 한 달에 두 번만 영화를 봐도 회사가 적자를 보는 구조였다. 무비패스는 헬스장처럼 회원 중 상당수가 서비스를 구독만 하고 이용하지 않을 것이라 예상했으며, 고객 데이터를 수집해 판매하면 수익을 낼 수 있다고 믿었다. 그러나 실제로는 한 달에 수십 편을 관람하는 헤비 유저들이 있었고, 심지어 화장실 이용이나 쓰레기 처리를 위해 극장에 오는 경우도 있었다. 이런 사용 방식 때문에 데이터의 가치도 떨어졌다. 운영이 어려워지자 구독료를 50% 인상했지만, 가입자의 절반이 해지했다. 결국, 볼 수 있는 영화를 제한하는 등 조치를 취했으나 수익성 개선에 실패했다. 지속된 적자로 인해 2019년 9월 서비스 중단 후, 2020년 1월 파산을 신청했다.

📁 AI를 통한 구독 멤버십 보완

AI를 활용하면 구독 서비스의 지속 가능성을 높일 수 있다. 첫째, 얼굴 인식 및 생체 인증을 도입해 멤버십 카드의 무분별한 양도를 방지할 수 있다. 둘째, AI 데이터 분석을 통해 고객별 이용 패턴을 파악하고, 과도한 이용이 예상되는 고객에게는 제한적 혜택을 제공하는 맞춤형 요금제를 도입할 수 있다. 셋째, 지능형 예약 시스템을 적용해 극장이나 식당의 혼잡도를 예측하고, 특정 시간대에는 이용을 제한하는 정책을 운영할 수 있다. 넷째, 이상 행동 감지 AI를 활용해 체리 피커를 실시간으로 식별하고 적절한 대응책을 마련할 수 있다. 이런 방식으로 AI를 활용하면 구독경제 모델의 지속 가능성을 확보할 수 있을 것이다.

결국 AI의 발전은 구독경제가 직면한 가격 변동성과 운영 리스크를 해결하는 중요한 도구가 될 것이다. 또 기업이 안정적인 구독 비즈니스를 구축하는 데 핵심적인 역할을 할 것이다.

OTT에 밀린 영화관에
'구독 패스'를 도입한다면?

영화관이 어려움에 처한 것은 어제오늘의 일이 아니다. 컬러TV 탄생, 비디오 보급, 홈 시어터 대중화, 불법 다운로드 등 여러 위기를 겪어왔다. 여기에 OTT의 성장과 관람료 논란까지 겹치면서 영화관은 새로운 변화를 모색해야 했다. 이런 위기 상황에서 2025년 5월 롯데시네마(롯데컬처웍스)와 메가박스(메가박스중앙)는 합병을 위한 양해각서(MOU)를 체결했다. 합병을 통해 영화 사업의 본원적 경쟁력을 높이겠다는 전략이다. 규모의 경제 이외에도 영화계, 극장, 관객 모두가 '윈윈'할 수 있는 방법은 없을까?

📂 아마존의 성공이 말하는 것… 구독자 혜택이 확실해야

해답은 OTT의 성공 공식인 '구독경제'에 있다. 우리나라 주요 멀티플렉스 극장(CGV, 롯데시네마, 메가박스)은 포인트 적립이나 할인 혜택을 제공하는 멤버십을 운영 중이지만, 이는 일정 비용을 내고 콘텐트를 무제한으로 소비하는 구독 멤버십과는 차이가 있다.

콘텐트 기반 구독 모델의 대표 사례는 '아마존 프라임'이다. 이 서비스는 구독료를 내면 무료 배송, 음악 스트리밍, 프라임 비디오 등 다양한 혜택을 제공한다. 상품 판매가 아닌 구독료만으로 연간 10조 원 이상의 이익을 내는 구조다. JP모건에 따르면 아마존 프라임의 연 구독료(119달러) 대비 이용자가 받는 혜택은 784달러로, 구독자는 구독료의 6배~7배에 달하는 경제적 이득을 얻을 수 있다.

국내 기업들도 구독경제를 비즈니스 모델 혁신 전략으로 도입해왔다. 조사 결과, 일반적으로 구독 멤버십 가입자는 비구독자보다 2배~7배 더 많은 소비를 하는 것으로 나타났다. 영화관 역시 수익을 늘리고 관객 유치를 위해 구독 멤버십을 적극 검토할 필요가 있다.

📁 20년 전부터 시작된 해외의 영화관 구독 모델

해외에서는 2000년대 초반부터 영화관 구독 모델이 도입되었다. 프랑스 극장 체인은 일정 금액을 내면 매일 영화를 관람할 수 있는 멤버십을 20년 넘게 운영 중이다. 이는 우리나라로 치면 CGV나 롯데시네마가 직접 구독 멤버십을 운영하는 것과 유사하다.

반면, 미국의 '무비패스'는 극장이 아닌 플랫폼이 운영하며 실패한 사례다. 무비패스는 9.95달러로 하루 한 편씩 영화를 볼 수 있는 서비스를 제공했으나, 관객들의 예상치 못한 행동(무제한 관람, 화장실 이용 목적으로 예매 등)으로 인해 적자가 누적되었다. 결국 2020년 파산했다. 이는 OTT 방식의 구독 모델을 무조건 극장에 적용해서는 안 된다는 교훈을 남겼다.

📁 영화관이 공간을 활용해 경쟁력을 키워야 하는 이유

최근 극장에서는 스포츠 경기, 아이돌 콘서트, 스탠딩 코미디 등의 다양한 콘텐트를 상영하고 있다. 사람들이 굳이 영화관을 찾는 이유는 '공간의 힘' 때문이다. 같은 취향을 가진 사람들과 함께하는 경험이 주는 동질감과 에너지는 대체할 수 없다. 영화관은 이 공간적 장점을 활용한 구독 모델을 도입해야 한다.

일본 신주쿠 미로드에서는 월 500엔(약 4,500원)에 특정 음식점에서 무료 음료를 제공하는 '드링크패스'를 운영해 성공했다. 구독자들은 할인 혜택을 활용하기 위해 제휴 점포를 더 자주 방문했고, 점포의 월평균 방문 빈도가 3.2회~22회로 증가했다.

영화관 구독 모델을 도입하면 관객들은 더 자주 극장을 찾고, 팝콘이나 굿즈 등의 부가 소비가 늘어날 가능성이 크다. 또한 비구독자인 가족, 친구, 연인과 함께 방문하는 효과까지 기대할 수 있다. 더 나아가 영화관이 위치한 쇼핑몰과 연계한 할인 멤버십을 운영한다면, 소상공인과의 상생 모델로도 발전할 수 있다.

📁 영화관은 단순한 콘텐트 소비 공간이 아니다

OTT와 달리 영화관은 단순한 콘텐트 소비 공간이 아니다. 영화관은 '추억'을 만들어주는 곳이다. 어린 시절 부모님과 함께 본 애니메이션, 친구들과 함께 본 블록버스터, 연인과 함께 한 로맨틱한 데이트까지 그 모든 순간이 극장에서 특별한 기억으로 남는다. 영화관은 단순히 영화를 보는 곳이 아니라, 특정한 시기와 감정을 공유하는 공간이기에 의미가 크다. 이 같은 영화관의 감성적 가치를 살릴 수 있는 구독 모델이 필요하다.

　영화 관람료에 포함된 입장권 부과금 문제는 여전히 해결해야 할 과제다. 정부는 부과금을 폐지해 영화 관람료를 약 500원 인하하겠다고 발표했고, 2024년 12월 국회에서 관련법이 개정되어 부과금이 폐지되었다. 그러나 일부에서는 다시 입장권 부과금 도입을 주장하고 있다. 만약 부과금이 다시 시행된다면, 구독 모델을 도입하더라도 관객들의 비용 부담이 증가할 수 있다.

📁 영화관 구독경제, 지속 가능한 모델이 되려면?

　영화관에 맞는 지속 가능한 구독경제 모델은 다음과 같은 부분을 고려해야 한다.

① 구독 모델은 단순히 관람료 할인에 그치지 않고, 공간 경험을 극대화할 수 있는 혜택을 제공해야 한다.
② OTT와 차별화된 '체험형 콘텐트'를 강화해 영화관만의 경쟁력을 살리는 것이 중요하다.
③ 영화관과 쇼핑몰, 소상공인이 협력하는 구독 모델을 통해 지역 경제 활성화까지 고려할 수 있다.
④ 데이터 기반 맞춤형 혜택 제공으로, 고객 충성도를 높이고 장기적인 수익 구조를 마련해야 한다.
⑤ 정부는 정책적 지원을 관객들의 비용 부담을 줄이는 방향으로 고민할 필요가 있다.

영화관 구독 모델은 단순한 생존 전략이 아니다. 장기적으로 극장 문화를 재정의하고, 관객들에게 새로운 경험을 제공할 기회다. 핵심은 영화관의 본질적 가치를 유지하면서, 관객들에게 실질적인 혜택을 제공하는 지속 가능한 모델을 구축하는 것이다.

기업과 소비자의 상생을 위해 필요한
다양한 해지 정책

📁 넷플릭스를 180원에 보는 합법적인 방법?

넷플릭스는 광고형 구독 요금을 월 5,500원에서 7,000원으로 2025년 5월에 인상하였다. 네이버와 제휴한 네넷멤버십(4,900원)과 통신 3사와 맺은 제휴 상품 금액은 인상하지 않는다. 구독료를 5,500원으로 보면 이를 하루 단위로 계산하면 약 180원이다. 만약 「오징어 게임」 시즌3 같은 인기 콘텐트가 공개되었을 때, 이를 하루 만에 몰아보고 즉시 해지할 수 있다면 180원에 해당 콘텐트를 시청할 수 있다는 의미가 된다. 소비자 입장에서는 획기적인 가성비지만, 기업의 수익성은 심각한 타격을 입을 수밖에 없다.

구독경제에서 OTT와 같은 서비스는 주로 일반 해지를 적용하고 있다. 만약 이를 하루 단위 요금 계산 후 즉시 해지하는 방식(일할 해지, 일 단위 해지 방식) 또는 중도 해지로 적용하면, 소비자는 보고 싶은 콘텐트만 보고 즉시 해지하여 경제적 이익을 얻을 수 있다. 대신 그만큼 기업의 수익성에는 악영향을 미칠 수 있다.

　구독경제의 범위는 매우 넓기 때문에, 특정 서비스에 대해 일반 해지를 적용할지 중도 해지를 적용할지에 대한 논의가 쉽지 않다. 현재 OTT 등은 일반 해지 방식을 적용하고 있지만 정부와 학계, 시민단체에서는 소비자 권익 보호를 이유로 중도 해지를 도입해야 한다는 주장을 제기하고 있다. 그러나 중도 해지가 OTT 산업뿐만 아니라 구독 서비스 전반에 영향을 미칠 수 있으므로 면밀하게 검토해야 한다. 이러한 변화가 미치는 영향을 다각도로 조망해야 하며, 단순한 정책 변경이 아닌 산업 전체의 지속 가능성을 고려해야 한다.

📁 중도 해지가 기업과 소비자 모두에게 불리한 이유

　OTT 사업은 안정적인 구독 수익을 기반으로 양질의 콘텐츠를 제작하고 제공하는 구조다. 하지만 중도 해지가 일반화되면, 기업은 수익 예측이 어려워지고 장기적인 콘텐츠 투자에도 악영향을 미칠 가능성이 크다. 특히, K콘텐츠의 성장을 주도해온 넷플릭스와 같은 글로벌 기업이 수익성을 고려해 투자 규모를 축소하거나, 단건 결제 방식을 도입하는 등 구독료 자체를 대폭 인상할 수도 있다. 이는 결국 소비자에게도 부정적인 영향을 미친다.

　OTT 산업의 특수성을 감안할 때, 중도 해지는 장기적인 서비스 제공을 어렵게 만들 수 있다. 오래된 구독 서비스 모델인 헬스장과 비교해보면, 헬스장은 3일만 운동하고 구독을 해지할 생각으로 시작하는 경우가 거의 없다. 하지만 OTT 서비스는 보고 싶은 콘텐츠만 몰아보고 해지하는 '체리 피커' 소비자가 많을 수밖에 없다.

특히 이런 중도 해지가 도입되면 국내 토종 OTT 기업에 더 큰 타격을 줄 수 있다. OTT 비즈니스 모델은 안정적인 수익 구조와 소비자 락인 효과를 통해 규모의 경제를 실현하고, 구독자에게 서비스를 저렴하게 제공하는 방식이다. 이미 규모의 경제를 갖춘 글로벌 기업들과 달리, 국내 OTT 기업과 관련된 중소기업 및 그 종사자들은 큰 피해를 입을 가능성이 높다. 장기적으로 보면, 토종 OTT 산업의 경쟁력이 약화되면서 소비자가 선택할 수 있는 콘텐트의 질과 다양성까지 감소하는 '조삼모사'의 결과를 초래할 수 있다.

📁 다양한 해지 정책 도입이 필요하다

법률사무소 니케의 이상원 변호사는 OTT의 해지 정책에 대해 다음과 같이 조언하였다.

> "통상 사인 간의 계약 해지의 경우에는 계약자유의 원칙에 따라, 관련 법규가 없다면 계약서에서 정한 위약금 또는 사용료를 계산하여 지급하고 있습니다. OTT 시장과 같은 구독경제의 경우 시장의 특수성을 고려하여 계약 해지 시 구독료 계산 방법과 관련하여, 소비자와 기업 모두가 만족할 수 있는 합리적인 방안이 검토되어야 할 것으로 보입니다."

OTT 서비스의 특성을 고려할 때, 단순한 일반 해지와 중도 해지의 이분법적 선택보다는 소비자와 기업 모두를 고려한 다음과 같은 해지 정책이 필요하다.

① 해지 유예 기간 부여: 해지를 신청하면 즉시 서비스가 중단되는 것이 아니라 일정 기간 이후 종료되도록 설정해 충동적인 해지를 방지한다.

② 기간에 비례한 위약금 적용: 일정 기간 이상 이용해야 일할 계산 환불이 가능하도록 조정하여 체리 피커의 소비를 방지한다.

③ 일정 기간 후 재구독 제한: 단기 이용 후 해지를 반복하는 사용자를 제한하기 위해 일정 기간 동안 재구독을 제한하는 방안을 고려할 수 있다.

OTT 산업이 안정적으로 성장하기 위해서는 소비자의 권익 보호뿐만 아니라, 기업의 지속 가능성도 고려해야 한다. 구독 모델은 단순한 소비 행위가 아니라, 장기적인 서비스 제공을 가능하게 하는 비즈니스 모델이다. 따라서 중도 해지를 무조건적으로 보장하는 것보다는, 기업과 소비자 모두에게 합리적인 대안을 마련하는 것이 필요하다.

넷플릭스와 같은 OTT 서비스뿐만 아니라, 구독 모델을 채택하는 다양한 산업에서도 이러한 논의가 필요하다. 중도 해지를 무조건 보장하면 기업의 지속 가능성이 흔들리고, 이는 결국 소비자의 후생과 선택권 축소로 이어질 수 있다. 업종별 특성을 고려하여 일반 해지, 중도 해지 등의 정책을 탄력적으로 적용하는 것도 방법 중 하나다.

보다 균형 잡힌 정책이 마련되어야 OTT 산업과 소비자 모두가 상생할 수 있을 것이다.

에필로그

다시
구독을 말하다

2016년 골드만삭스는 "애플은 이제 구독경제를 해야 한다"라고 공개적으로 제안했다. 그 기사를 본 순간부터 나의 인생도 구독경제와 함께 나이가 들었다.

5년을 혼자 연구하여 2021년 초, 『구독경제: 소유의 종말』이라는 첫 책을 세상에 내놓았다. 그 이후 책보다 더 많은 글과 고민을 언론 기고와 연구를 통해 쏟아부었다.

많은 분들이 물었다. 왜 후속 책이 나오지 않냐고.

사실 나는 처음부터 구독경제에 대해 20년에 걸쳐 총 5권을 시리즈로 쓸 생각이었다(마지막 책은 2035년경에 마무리가 될 것으로 보인다). 첫 번째 책은 구독경제의 개념과 흐름을 다룬 총론이었다. 그 이후는 멤버십, 커뮤니티경제, ID경제, 그리고 전략·정책 분석 툴로 이어지는 각론의 시리즈를 책으로 쓸 예정이었다. 구독경제와 사회적 흐름을 해석하고 정리할 수 있는 전략 툴도 몇 년에 걸쳐 만들었다.

이번 책에서는 지난 4년 동안 어떻게 구독경제가 달라졌는지를 다

뤘다. AI의 등장은 구독경제를 한층 더 구조화하고 빠르게 발전시켰다. 이제는 선택이 아니라 필수로 무조건 구독해야 하는 것들이 많아지고 있다.

> "구독은 더 이상 혁신이 아니다. 삶 자체다.
> 우리는 어느새, 숨 쉬듯 구독하고 있다."

5년 전 『구독경제: 소유의 종말』을 썼을 때, 나는 구독경제를 희망이라고 보았다. 이번에는 그 그림자를 보았다. 빛과 그림자는 항상 함께다. 빛만 보지 말고 짙게 드리운 그림자 역시 우리는 봐야 한다.

강제 구독, 구독플레이션, 구독깡, AI 구독 편향, 구독 피로, 기업뿐만 아니라 소비자도 구독으로 인해서 초양극화의 위기에 맞닥뜨리고 있다. 이에 대한 분석과 설계 기반의 해결책이 필요하다.

> "구독은 개인의 취향이 아니라, 설계된 전략의 결과다."

나는 내시(Nash)의 게임 이론에서 출발해, 구독이란 무엇을 '선택하는 가'가 아니라 어떤 구조 안에서 '선택하게 되는가'를 설명하려 했다. 구독은 락인을 위해 설계해야 하는 전략 중 하나다. 그래서 프레임워크 이자 전략 툴인 PLAB을 고안하였다.

PLAB은 Price(가격), Lock-in(락인), AI Personalization(개인화), Bundle(가치 창출)의 약자다. 내가 고안한 이 모델은 구독과 멤버십 시스템을 설계·분석할 수 있는 경제·정책·비즈니스 전략 도구다. 이 네 가지 축은 각각 사용자를 유입시키고, 락인시키며, 반응하고, 확장된다. 고객은 가격에 끌리고, 락인에 묶이며, AI로 맞춤화되고, 추가 가치 창출로 인하여 빠져나

오지 못하게 된다.

이 네 가지는 기업이 만든 게임의 규칙이며, 고객은 그 안에서 전략적으로 움직이는 플레이어다. PLAB은 이 전략 게임의 구조를 해석하고 설계하는 도구다. 기업 경영, 정책 수용성, 서비스 구조 설계에 모두 적용할 수 있다.

여기서 더 나아가, 나는 PLAB-X도 고안하였다.

PLAB-X는 PLAB에 eXperience(경험)와 eXternality(외부 효과) 개념을 더한 고도화된 프레임워크다. 단지 '왜 구독하는가'를 넘어, 어떤 구조가 사람을 붙잡고, 어떤 체험이 사회를 바꾸는가를 읽어내는 해석 도구이자 설계 프레임이다. 산업 전략 분석, 공공서비스 기획, ESG 평가, 정책 수용성 진단 등 다양한 실무와 학술 영역에 적용 가능할 것이다.

모든 기업이 가장 바라는 것은 안정적인 수익과 지속 가능한 발전 및 성장이다. 그것이 가능한 현실적인 길은 단 세 가지다.

"독점, 구독, 락인"

다음 책에서는 바로 그 판도라의 상자를 열어보려 한다.

우리는 시대 변화의 흐름을 읽지 못하고 대응하지 못해 'IMF'라는 역사적 큰 아픔을 겪어야 했다. 자원은 부족하고, 지정학적으로 강대국에 둘러싸인 우리나라는 '혁신'하지 않으면 국가의 존립조차 위태롭고, 국민의 삶은 피폐해질 수밖에 없었다. 그래서 매 순간이 위기였고, 또 고비였다.

지금 AI와 구독경제로 세상은 다시 한번 급격히 변하고 있다. 우리는 다시 '성장이냐 후퇴냐'라는 생존의 갈림길에 서 있다. 이번 책이 조금이라도 우리가 나아갈 방향을 비추는 작은 나침반이 되기를 바란다.

"우리가 삶을 영위함에, 수많은 생명의 희생이 수반된다.

오늘 우리가 먹은 음식은 산과 바다,

들과 목장에서 살아 있던 생명들이었다.

우리가 편안한 하루를 보내는 데는

수많은 사람들의 보이지 않는 노력이 있다.

그래서, 우리는 매 순간 감사해야 하고, 친절해야 한다.

감사함에서 신뢰가 나오고, 신뢰에서 구독경제는 시작된다.

지금 우리 사회에 부족한 것은 기술이 아니라 신뢰 자본이다.

우리는 우리를 서로 구독해줘야 한다."

행복을 구독하길 바라며… 경제(京濟) 전호겸

강제 구독의 시대

강제 구독의 시대

초판 1쇄 인쇄 2025년 5월 26일
초판 1쇄 발행 2025년 6월 5일

지은이 | 전호겸
펴낸이 | 권기대
펴낸곳 | ㈜베가북스

주소 | (07261) 서울특별시 영등포구 양산로17길 12, 후민타워 6-7층
대표전화 | 02)322-7241   **팩스** | 02)322-7242
출판등록 | 2021년 6월 18일 제2021-000108호
홈페이지 | www.vegabooks.co.kr **이메일** | info@vegabooks.co.kr
ISBN | 979-11-94831-06-8 (03320)